온전한
그리스도인

IVP(InterVarsity Press)는
캠퍼스와 세상 속의 하나님 나라 운동을 지향하는
IVF(InterVarsity Christian Fellowship)의 출판부로
생각하는 그리스도인을 위한 문서 운동을 실천합니다.

Originally published by International Conference
of Christian Medical Students
as *The Whole Christian* by John R. W. Stott
© 1980 by John R. W. Stott

Korean Edition © 1986, 1996, 2014 by Korea InterVarsity Press
156-10 Donggyo-ro, Mapo-gu, Seoul 04031, Korea

온전한
그리스도인

존 스토트

● **일러두기**
이 글은 1980년 영국에서 개최된 그리스도인 의대생을 위한 국제 대회(International Conference of Christian Medical Students)에서 존 스토트 목사가 강의한 내용으로, 저자와 영국 CMF(The Christian Medical Fellowship of Britain)의 허락을 얻어 번역·출간한 것이다.

차례

제1장 인격   온전한 인격 7

제2장 소명   직업과 소명 37

제3장 참여   사회적 책임 69

제4장 윤리   세상과 구별된 삶 97

제5장 선교   세상을 품은 그리스도인 125

제1장 인격

온전한 인격

"온전한 그리스도인이 되는 것은
우리의 지성과 감정과 의지를 예수님의 주권적인
사랑의 통치 아래 복종시키는 것이다."

온전한 그리스도인이란 예수 그리스도께 전적으로 헌신하는 사람을 의미한다. 그의 헌신은 부분적이지 않고 전체적이다. 온전한 그리스도인은 주일에는 그리스도인으로 살고, 평일에는 비그리스도인으로 사는 사람이 아니다. 집에서는 그리스도인이고, 직장에서는 비그리스도인인 사람도 아니다. 온전한 그리스도인이란 언제 어디서나 예수 그리스도께 전적으로 헌신하는 사람이다. 이러한 사람의 삶은 개인적으로나 직업적으로, 사적인 영역이나 공적인 영역에서 그리고 가정이나 사회에서 온통 번제물로 하나님께 바쳐진 삶이다. 로마서 12:1의 표현을 빌려 말하자면, "하나님이 기뻐하시는 거룩한 산 제물"로 제단에 바쳐진 사람이다. 이것이 내가 이해하는 온전한 그리스도인이다.

첫 번째 주제로, 우리의 '인격적 통합성'에 대해 이야기해 보자. 통합성(integrity)이란 무엇인가? 내가 제안하는 통합성이란 통합된 그리스도인이 지닌 특성이다. 통합된 그리스도인이란, 말과 됨됨이가 이원화되지 않은 사람이다. 따라서 통합된 그리스도인이 된다는 것은 온전한 그리스도인이 된다는 뜻이며, 삶의 여러 부분이 단일한 전체로 연합된 그리스도인을 의미한다.

통합(integration)이라는 말은 개인적 맥락과 사회적 맥락 모두에서 사용된다. 이 두 가지를 비교하는 것은 '인격적 통합성'을 이해하는 데 도움이 된다. 사회적 통합은, 상이한 인종이나 부족 또는 계급이 어떤 국가나 민족에 대한 충성심을 공유함으로써 하나가 되어 함께 조화를 이루며 살아가게 되는 것을 말한다. 이러한 일이 일어날 때, 그 공동체는 통합된다. 통합의 반대는 분리다. 유감스럽게도 과거 미국은 수차례 그와 같은 분리를 경험한 바 있고 어떤 점에서는 그러한 분리가 여전히 계속되고 있다. 남아프리카에도 분명 그러한 분리가 존재한다. 그러므로 통합된 공동체란 구성원들이 평등한 권리를 누리고 연합하며 충성심을 공유함으로써 하나가 되어 조화롭게 상호 존중하는 가운데 살아가는 공동체다.

개인적 통합이란, 인격의 상이한 부분들이 하나의 충성심으로 연합되어 있으며 또한 상호 조화를 이루고 있는 상태를 말한다. 이야기가 진전되어 감에 따라 이 말이 무슨 뜻인지 더 잘 이해할 수 있을 것이다.

나는 기독교적 통합의 원리가 예수님의 주되심(Lordship)이라는 점을 분명하게 밝히고자 한다. 예수님은 주님이시다. 따라서 우리 인격의 모든 부분이 그의 주권 아래 종속될 때에만 우리는 온전하고 통합된 그리스도인이 될 수 있다.

예수 그리스도는 주님이시다

예수님의 주되심에 대한 성경적 기초로서 성경 주요 본문 세 곳을 상기해 보자.

첫째, 빌립보서 2:9-11이다. "이러므로 하나님이 그를 지극히 높여(이는 바울이 무척 애용했던 최상급 동사들 중의 하나다) 모든 이름 위에 뛰어난 이름을 주사…모든 무릎을 예수의 이름(즉 하나님 우편에 계시는 그분의 고유한 존엄성과 영광)에 꿇게 하시고 모든 입으로 예수 그리스도를 주라 시인하여…." 여기서 우리는 예수님이 주님이라는 사실이 예수님의 높이 들림을 이해하는 데 근본적인 진리임을 알게 된다. 그는 온 우주에서 최상의 영예, 존엄, 지위를 지니신다.

두 번째 본문은 고린도전서 12:3이다. "성령으로 아니하고는 누구든지 예수를 주시라 할 수 없느니라." 성령은 예수님의 인격을 조명하여 그가 어떤 분이신지를 우리에게 알리신다. 즉 우리로 하여금 예수님을 주님으로 고백하게 하시며, 그 일을 기뻐하신다.

세 번째 본문은 로마서 10:9-10이다. "네가 만일 네 입으로 예수를 주로 시인하며, 또 하나님께서 그를 죽은 자 가운데서 살리신 것을 네 마음에 믿으면 구원을 받으리라."

이것들이 바로 신약에서 예수님의 주되심에 대해 말하고 있는 주요 본문들이다. 여기에 쓰인 단어들은 신학적으로 그리고 개인적으로 극히 중요했다. 신학적으로 '호 큐리오스'(*ho kyrios*), 즉 주(主)라는 단어는, 예수님이 태어나시기 전, 우주의 창조자이시며 이스라엘의 아버지이신 야훼 또는 여호와의 신원을 밝히기 위하여 구약의 헬라어 역인 70인역 성경에서 이미 200년 동안 사용되어 온 단어다. 히브리 성경을 헬라어로 번역하던 사람들은 신성한 이름인 야훼를 대하게 되었을 때, 그 단어를 번역하지 않고 주라는 뜻의 헬라어인 '호 큐리오스'를 대신 사용했다. 바로 그 때문에 영어 성경에서도 구약에서 야훼라는 말이 등장할 때는 대문자로 '주'(LORD)라고 표현되어 있다. 예수님이 오셨고, 그의 제자들이 예수님이야말로 성육하신 하나님의 아들이라는 것을 알게 되었을 때, 하나님께 부여했던 바로 그 호칭을 주저 없이 그에게 적용했다.

유감스럽게도 옥스퍼드 대학교 신학부에 소속된 저명한 신학자 한두 사람은 예수 그리스도의 신성을 부인한다. 「성육신의 신화」(The Myth of God Incarnate)는 바로 예수님의 신성을 부인하는 책으로서 이 책에 기고한 사람들 가운데 두 사람이 이 대학의 교수로 재직하고 있다. 그러나 그들은, 신약이 "예수는 주님이시다"라고 말하고 있으며 '호 큐리오스'가 하나님을 의미한다는 사실에 대해서는 적절하게 반론하지 못한다. 예수님에게 '호 큐리오스'라는 말을 적용한 것은 "예수는 여호와다"라고 말하는 것과 동일하다. 제자들은 예수님에게 하나님의 이름을 부여했을 뿐만 아니라, 하나님께 적용되는 구약의 구절들까지 그에게 적용했다. 그중 하나가 앞서 언급한 빌립보서 2장인데, 그것은 하나님이 친히 "내가 나를 두고 맹세하기를…내게 모든 무릎이 꿇겠고 모든 혀가 맹세하리라"고 말씀하신 이사야 45장에서 인용한 것이기 때문이다. 구약에서 '호 큐리오스'가 여호와께 적용된다는 것을 발견한 바울은 주저하지 않고 모든 무릎이 그에게 꿇고 또 모든 입이 그를 주라 고백하리라는 대목을 예수님에게 적용한다.

그러므로 이제 우리는 "예수는 주님이시다"라고 말할 경우, 그것이 신학적으로 심오한 중요성을 가진다는 것을 알았다. 또한 그것은 개인적으로도 상당히 중요하다. 1세기 중엽 로마 황제들 가운데는 자신의 중요성을 과대평가한 사람들이 있었다. 그들은 과대망상에

사로잡혀 있었고, 일부는 자신을 신적 존재라고 생각했으며, 신적 존재로서 자신을 숭배하는 예식을 가졌다. 때때로 로마의 지방행정 장관들은 성읍이나 도시의 주민들을 광장이나 시장으로 모아들이곤 했다. 그들은 로마 황제의 흉상이나 동상을 만들어 그 앞에 작은 불을 피워 놓고는 주민들에게 그 불 위에 약간의 향을 뿌리면서 "카이사르(황제)는 주님이시다"(kyrios caesar)라는 두 단어를 외치도록 했다. 물론 그리스도인들은 어느 누구도 그렇게 하지 않았다. 그리스도인들은 "우리는 카이사르를 주님이라고 말할 수 없다. 예수님이 주님이시기 때문이다. 우리는 예수님 존전에 무릎을 꿇어야 한다. 따라서 카이사르에게는 무릎을 꿇지 않겠다. 합법적인 모든 일에서는 카이사르에게 복종하겠다. 그러나 그를 경배하지는 않겠다"고 말했다. 그들은 예수 그리스도의 주되심을 부인하기보다는 차라리 사자굴에 던져지는 길을 택했다.

여기서 내가 말하고자 하는 바는, 온전하고 통합된 그리스도인이 되려면 삶의 모든 영역을 그리스도의 주되심 아래 복종시켜야 한다는 것이다.

이 장에서 나는 우리의 지성, 우리의 정서, 우리의 의지 순으로 이야기를 풀어 나가려 한다. 이 세 가지는 개념상 그리고 우리의 경험상, 인간의 인격을 구성하는 세 가지 요소이기 때문이다.

예수 그리스도, 우리 지성의 주

오늘날 복음주의 기독교계에 생겨난 심상치 않은 동향들 중 하나는 반(反)지성주의다. 이것은 매우 중대하고도 심상치 않은 조짐이다. 오스트레일리아 멜버른 대학 출신의 한 학생이 스웨덴에서 개최된 수련회에 참석했다. 수련회장에서 그는 조국에 학생 소요가 발발했다는 소식을 들었다. 당시는 1960년대로 학생 소요가 빈번하게 일어나던 시대였다. 스웨덴에 온 이 오스트레일리아 학생은 당황하여 손을 쥐어뜯면서 이렇게 말했다. "오스트레일리아에 돌아가야 하는데, 그 자리에 있어야 하는데,…그런데 무슨 일 때문에 일어난 걸까?" 그는 지식 없는 열정을 지니고 있었다. 조국에 돌아가서 소요에 가담해야 한다고 결정하기 전에 그는 소요의 전모를 알아보려는 노력을 기울여야 했다. 성찰 없이 행동에 헌신하는 것은 광신주의이며, 헌신 없는 성찰은 모든 행동을 마비시키고 만다. 우리가 필요로 하는 것은 성찰과 헌신 둘 다이지, 성찰 없는 헌신이나 헌신 없는 성찰이 아니다.

이에 대한 성경적 기초는 무엇인가? 고린도전서 14:20을 보자. 이것은 매우 중요한 구절로, 신약에 기록된 많은 역설적인 구절들 중 하나다. 이 구절은 우리에게 어린아이가 되라고 명령하는 동시에 어린아이가 되지 말라고 명령한다. "형제들아, 지혜에는 아이가 되지 말고 악에는 어린아이가 되라. 지혜에는 장성한 사람이 되라." 같은 구절에서 어린아이가 되는 것을 금하는 동시에 어린아이가 되라고 명령하다니 놀라운 일이 아닌가! 우리는 동시에 어린아이와 성인이 되어야 한다. 그것은 물론 서로 다른 영역에서다. 악, 사악함, 악의에 대해서는 갓난아이처럼 무지하고 순결하고 미숙해야 한다. 그러나 사고의 영역에서는 어린아이가 되지 않아야 한다. 우리는 성숙해야 한다.

우리의 지성을 예수님의 주되심에 복종시키는 문제에서, 그리스도인들이 반지성주의적인 죄와 어리석음을 거부하고 겸손하게 사고의 성숙을 추구해야 하는 이유는 다음 세 가지다.

지성의 적절한 활용은 우리의 창조주를 영화롭게 한다

우리의 창조주는 합리적인 하나님이시며, 우리를 자신의 형상에 따라 합리적인 인간으로 만드셨다. 또 우리에게 그것을 이해시킬 목적으로 자연과 성경을 통해 합리적인 계시를 주셨다. 모든 과학적 조사는 우주가 합리적이라는 신념에 기초를 둔다. 과학적 연구에 종사하는 사람은 그가 조사하는 대상의 가해성(可解性: intelligibility)을 인식한다. 즉, 조사자와 그가 조사하는 과학적 자료 사이에 이상한 유사점이 있음을 발견하게 된다. 우주를 이해할 수 있는 우리의 지성과 우주의 유사성은 무엇인가? 그 대답은 바로 합리성이다. 합리적인 하나님은 우리를 합리적인 존재로 만드셨으며, 자연을 통해, 더 나아가 성경을 통해 합리적인 계시를 주셔서 우리가 그분의 뜻을 이해하도록 하셨다.

천문학자 케플러는 우주를 연구하면서, "나는 하나님을 좇아 하나님의 사고를 하고 있다"고 말한 바 있다. 이것은 성경을 연구하는 이에게는 더욱 합당한 말이다. 우리는 성경을 읽을 때마다 하나님을 좇아 하나님의 생각을 사고하는 것이다. 성경은 하나님의 말씀이며 말씀은 바로 생각을 표현하기 때문이다. 우리의 입술을 통해 의사소통되는 것은 우리의 지성에서 나온 생각이다. 이처럼 하나님의 말씀을 읽을 때 우리는 그분의 말씀을 통해 나타난 하나님의 생각을 읽는 것이다. 과학적 조사와 성경 연구 모두에서 하나님을 좇아 하나님의 생각을 사고할 수 있다는 것은 얼마나 큰 특권인가! 그러므로 우리의 지성을 활용하지 않는다면 이는 창조주를 부인하는 것이며, 또 우리의 합리성의 중요한 일부인 인간성과 모순되는 것이다. 지성의 적절한 활용이야말로 창조주를 영화롭게 한다.

지성의 적절한 활용은 그리스도인으로서 우리의 삶을 풍요롭게 한다

나는 일반적인 교육, 예술, 문화를 말하고 있는 것이 아니다. 물론 이러한 것들이 인간 생활을 매우 풍요롭게 해주지만, 나는 특별히 기독교와 관계된 지식과 성경을 통해 밝혀진 하나님에 대한 지식을 말하는 것이다. 여러분도 알겠지만, 성경 없이 그리스도인다운 생활을 영위한다는 것은 거의 불가능하다. 왜냐하면 그리스도인다운 생활이란 하나님 말씀에 대한 반응이기 때문이다. 믿음의 경우, 우리는 믿어야 할 하나님의 말씀 없이는 신앙을 가질 수 없다. 경배의 경우, 하나님이 성경을 통해 자신을 드러내시지 않았다면 우리는 하나님을 경배할 수 없다. 우리는 어떤 종류의 경배가 하나님을 기쁘시게 하는지 알지 못할 것이기 때문이다. 복종해야 할 계명이 없다면 우리는 하나님께 복종할 수가 없다. 신뢰할 약속이 없다면 우리는 하나님을 신뢰할 수가 없다. 증거해야 할 좋은 소식이 없다면 우리는 하나님을 증거할 수가 없다. 그런데 약속, 명령 그리고 좋은 소식의 계시 모두가 성경 안에 있다. 성경과 성경을 통한 하나님의 계시가 없다면 그리스도인다운 생활은 사실상 불가능하다. 하나님의 말씀이 그리스도인다운 생활을 가능하게 만든다. 그리스도인다운 온전한 생활이란, 그분이 신적 주도권을 갖고 하신 말씀에 반응하는 것이기 때문이다.

한두 가지 예를 통해 경배에 대해 다시 생각해 보기로 하자. 우리 복음주의자들은 경배에 익숙하지 않다. 복음 전도는 우리의 전공이지만, 경배는 그렇지 않다. 나는 때때로 공적으로나 사적으로 드리는 우리의 경배가 매우 빈약하고 초라하다는 것을 유감스럽게 생각한다. 그러나 우리는 전 존재를 다하여 주 하나님을 사랑하라는 명령을 받고 있다. 그리고 거기에는 우리의 지성 전체가 포함된다.

교회에 갈 때마다 머리를 의자 밑에 놓아 두고 싶다고 말한 사람이 있었다. 그는 예배드릴 때 자신의 머리는 결코 사용하지 않았기 때문이다. 그가 원한 것은 일종의 감상적인 종교 감정이었다. 그는 지성을 사용하려 하지 않았다. 그러나 우리는 마음(지성)과 뜻과 힘을 다하여, 즉 우리의 전 존재를 다하여 주 하나님을 사랑해야 한다.

나는 1974년 스위스 로잔에서 열린 세계 복음화를 위한 국제 대회에 참석하는 특권을 누린 적이 있다. 그때 내 마음을 아프게 한 일이 딱 한 가지 있었다. 그것은 사람들이 할렐루야라는 말을 끝없이 읊조리는 것이었다. 여러분은 자그마한 소리로 할렐루야라는 말만 20번가량 되풀이하는 노래를 아는가? 나는 조금도 두려워하지 않고 그것이 전적으로 비성경적이라고 말할 수 있다. 물론 할렐루야라는 말은 성경적이다. 그러나 여러분은 그 말을 앞뒤 문맥 내에서만 노래해야 한다. 할렐루야로 시작해서 할렐루야로 끝나는 시가 많다. 하지만 처음 할렐루야와 마지막 할렐루야 사이에는 주님을 찬양하는 이유들이 자리 잡고 있다.

시편 103편을 보라. "내 영혼아, 여호와를 송축하라. 내 속에 있는 것들아, 다 그의 거룩한 이름을 송축하라." 그 이유는 무엇인가? "그의 모든 은택을 잊지 말지어다. 그가 네 모든 죄악을 사하시며, 네 모든 병을 고치시며, 네 생명을 파멸에서 속량하시고, 인자와 긍휼로 관을 씌우시며…동이 서에서 먼 것같이 우리의 죄과를 우리에게서 멀리 옮기셨으며, 아버지가 자식을 긍휼히 여기시나니…" 그러고 나서 다시 할렐루야로 끝난다. 우리에게는 할렐루야를 외치며 찬양할 만한 이유가 있는 것이다.

시편 104편을 보자. 이것 역시 할렐루야로 시작해서 할렐루야로 끝나는데 여기서는 구원의 하나님이 아니라 옷을 입음같이 빛을 입으시며 바람 날개로 다니시는 등의 창조의 하나님을 다루고 있다. 이것은 위대한 동물원의 시편(zoo Psalm)이며, 피조물 전체를 다루는 시편이다. 이것은 생물을 그들의 환경 또는 거주지와 놀랍게 연관시킨, 최초의 생태학 연구서다. 이 시편은 할렐루야로 시작된다. 그러나 찬양하는 이들은 무엇을 찬양하고 있는지 안다. 즉, 창조주 하나님, 구속자 하나님을 찬양하는 것이다. 나는 그러한 시편들을 할렐루야 샌드위치라고 부른다. 이 시편들의 처음과 끝에 할렐루야가 있고 그 사이에 교리라는 고기가 있기 때문이다. 그런 까닭에 단지 할렐루야라고만 노래하는 것은 매우 비성경적이다. 나는 여러분에게 무엇에 대해 할렐루야라고 노래하는지 묻고 싶다. 여러분은 무엇에 대해 찬양하고 있는지 알아야 한다. 그런 다음에야 할렐루야라고 노래할 수 있다.

여러분 모두가, 신앙과 이성은 성경에서 결코 대립하지 않는다는 사실을 깨닫게 되길 바란다. 신앙과 이성이 양립할 수 없다고 생각하는 것은 터무니없는 일이다. 성경은 신앙과 이성을 결코 상충시키지 않는다. 성경은 신앙과 눈으로 보는 것을 대비시킨다. 우리는 신앙으로 살지, 눈에 보이는 것으로 살지 않는다. 그러나 성경의 신앙은 현저하게 합리적이다. 신앙은 경솔한 믿음을 다르게 표현한 말이 아니다. 또한 미신의 다른 표현도 아니다. 볼티모어의 저널리스트이자 기독교 비평가인 멘켄(H. L. Menken)은 볼티모어의 현자로 알려지곤 했는데, 실상은 불가지론자다. 그는 한때 "신앙이란, 간단히 말해서, 있을 법하지 않은 것이 일어나리라고 믿는 비논리적인 신념으로 정의내릴 수 있다"고 말한 바 있다. 상당히 재치 있고 멋진 말이긴 하다. 그러나 이것은 잘못된 정의이자, 신앙이 의미하는 바도 아니다.

성경에 따르면 신앙이란 합리적인 신뢰다. 그것은 하나님이 말씀을 통해 우리에게 주신, 그분에 대한 합리적인 계시에 기초한 신뢰다. 이 신뢰는 우리가 신뢰하는 하나님이 신뢰할 만한 분이시기 때문에 합리적이다. 신뢰할 만한 것을 신뢰하는 것은 언제나 합리적이다. 게다가 하나님이 신뢰할 만한 이유는 그분의 성품과 약속 때문이다. 이제 여러분은 신앙이 성숙하기를 원한다면 지성을 활용해야 한다는 것을 알았을 것이다. "주의 이름을 아는 자는 주를 의지하오리니"라는 시편 9:10의 말씀이 있다. 다른 말로 하자면 그들은 하나님을 신뢰한다. 그들은 그분이 어떤 하나님이신지를 알고 있기 때문이다. 그들은 하나님이 신뢰할 만한 분이시라는 것을 안다. 그리고 그것을 알기 때문에 신뢰한다. 이것이 지식에 기초한 신앙이다. 신앙 가운데 성숙하기 원한다면, 여러분은 지식 가운데 자라나야 한다. 하나님의 성품과 하나님의 약속을 묵상해야 한다.

지성의 적절한 활용은 그리스도인으로서 우리의 증거를 강화한다

복음 전도를 순전히 감정적인 견지에서 생각하는 사람들이 너무나도 많다는 것을 감안하면, 복음 전도의 평판이 나빠진 것은 조금도 놀라운 일이 아니다. 그러나 성경적 복음 전도에 충실하려면, 사람들의 감정에는 물론 지성을 통하여 그들의 양심과 의지에도 호소해야 한다. 사도행전에서 사도들은 너무나 분명하게 지성을 강조한다. 누가는 거듭해서, 사도들이 전도 집회를 가진 후에 많은 사람

성경에 따르면
신앙이란 합리적인 신뢰다.
그것은 하나님이 말씀을 통해 우리에게 주신,
그분에 대한 합리적인 계시에 기초한 신뢰다.
이 신뢰는 우리가 신뢰하는 하나님이
신뢰할 만한 분이시기 때문에 합리적이다.

들이 "설득되었다"(개역개정은 "권함", "권면"으로 번역함. 행 17:4; 18:4 등을 보라)고 말한다. 그러나 이것은 전도 끝 무렵에는 결코 사용하지 않는 말이다. 만일 대학교에서 전도 집회를 연다면, 100명이 회심했기 때문에 하나님께 감사한다고 말하지, 100명이 설득되었기 때문에 하나님께 감사한다고는 결코 말하지 않을 것이다. 그러나 그렇게 말하는 것이 좀더 성경적일 것이다. 사도들은 복음의 진리를 논하고 있었다. 그들은 성경을 가지고 논하였으며, 성경에서 추론하였다. 물론 그들은 이러한 성경적 논증을 활용하는 데 성령을 의지했다.

논증과 성령을 서로 대치되는 것으로 생각해서는 안 된다. 성령은 성경적 논법을 사용하시며, 바로 이 때문에 바울은 때때로 한 장소에서 오랜 기간 머물렀다. 가장 극적인 예는 에베소에서 생긴 일이다. 에베소에 도착한 지 석 달 후에 바울은 회당에서 쫓겨났다. 그래서 두란노 서원(짐작컨대 그곳은 세상의 일반적 회관이었을 것이다)을 빌려 거기서 2년 동안 매일 강의했다. 정확한 원문은, 바울이 제5시부터 제10시까지, 즉 오전 11시부터 오후 4시까지, 매일 5시간 강의를 했다고 말한다. 그 강의는 매일 5시간씩 2년에 걸쳐 행해졌다. 만약 바울이 일주일에 하루를 쉬었다면 복음을 논하는 데 3,120시간을 투자한 셈이다. 각양각색의 사람들이 장날에 각기 나름의 목적을 가지고 에베소에 올라왔을 것이다. 어떤 사람은 장을 보러, 어떤 사람은 정치가와 면담하러, 또 어떤 사람은 친척을 만나러 그곳에 왔을 것이다. 그들이 에베소에 있는 동안 해야 할 일 중 하나는 바울의 강의를 듣는 것이었으리라! 바울은 매일 5시간씩 강의를 했고, 사람들은 두란노 서원에 들러 회심했으며, 거듭나서 자신의 마을로 돌아갔고 하나님의 말씀은 아시아 전역에 퍼져 나갔다.

지성을 적절하게 활용하면, 우리의 증거는 강화될 수 있다. 앞에서의 세 가지 논거는 우리의 지성을 예수님의 주되심 아래 복종시켜야 한다는 것을 충분히 보여 준다. 예수님은 여러분의 지성의 영역에서도 주님이신가? 우리의 영적 순례를 이해하는 데 매우 중요한 성경 구절이 있다. 예수님은 사도들에게 "너희가 나를 선생이라 또는 주라 하니 너희 말이 옳도다. 내가 그러하다"(요 13:13)고 말씀하신다. 선생과 주는 단순히 그들이 현실 세계에 증거해야 하는 어떤 호칭이 아니다. "나는 너희들의 선생이며 너희는 나의 제자들이다. 나는 너희들의 주이며 너희는 나의 종들이다." 예수님이 우리의 선생이시라면 우리는 그에게 의견 차이를 주장할 자유가 없다. 예수님이 우리의 주님이라면 우리는 그에게 불복종할 자유가 없다. 여러분은 지성을 예수님의 주되심 아래 복종시켰는가? 여러분은 여전히 그에게 의견 차이를 주장할 자유를 취하고 있는가, 아니면 여러분의 지성을 예수님의 가르침에 복종시키고 있는가? 예수님의 가르침은 성경 전체의 가르침을 의미한다. 그는 권위로 구약을 인준하셨으며, 또 사도들을 지명함으로써 신약을 준비하셨기 때문이다.

성경에 복종하는 것이 곧 그리스도께 복종하는 것이다. 우리가 지적으로 회심하지 않는다면 그것은 올바로 회심한 것이 아니다.

지성을 예수님의 주되심 아래 복종시키지 않았다면, 지적으로 회심한 것이 아니다. 예수 그리스도는 진정 우리 지성의 주님이신가? 만약 그렇지 않다면 우리는 온전한 그리스도인이 아니다.

예수 그리스도, 우리 감정의 주

온전한 그리스도인, 통합된 그리스도인은 반지성적이지도, 반감정적이지도 않다. 온전한 그리스도인은 하나님이 인간을 합리적인 피조물로 만드셨을 뿐만 아니라 감정적인 피조물로 만드셨다는 것 역시 인정한다. 그분은 우리에게 사고할 수 있는 지성을 주셨으며, 인간 생활을 풍부하게 하는 깊은 감정도 주셨다. 지성의 올바른 활용을 강조하고 반지성주의를 거부한다고 해서, 메마르고 무미건조하며 냉랭한, 비인간적인 지성주의를 옹호하는 것이 아니다. 나는 추호도 그러한 지성주의를 옹호하지 않는다.

나는 나 자신에 대해 이야기하는 것을 좋아하지 않는, 수줍음 잘 타는 앵글로 색슨계 사람이지만, 잠시 개인적인 이야기를 해 보겠다. 나는 영국 공립학교들 중 한 곳에서 교육받았다. 영국 공립학교의 철학은, 적어도 내가 재학하고 있을 당시에는, '굳은 윗입술의 철학'이라 일컬어졌다. 어떤 감정을 느끼기 시작할 때 최초로 나타나는 징후는 윗입술이 조금 떨리는 것이다. 하지만 그런 떨림조차 허용되지 않을 정도로 그곳에서 나는 강인함, 용기 및 자기 절제라는 남성적 덕목을 함양하도록 교육받았다. 어떤 감정도 내색하지 말아야 했다. 우는 것은 여자와 어린아이들이나 할 일이었다. 그런데 회심하고 나서 신약성경을 읽었을 때, 나는 예수님이 사람들 앞에서 두 번이나 눈물을 흘리셨다는 것을 알게 되었다. 그렇다면 분명 예수님은 영국 공립학교에서 자라지 않으셨다. 예수님을 통해 나는 내 속에 순전한 감정이 차지하는 자리가 있다는 것을 배우기 시작했다. 감상주의적이거나 인위적으로 감정을 짜내는 것이 아니라, 순수하게 감정을 표현하는 것 말이다.

우리의 감정 처리 방식에는 분명 우려되는 점이 있다. 텔레비전이 우리의 감정에 미치는 영향 역시 그런 점이 있다. TV에 등장하는 폭력, 유혈, 전쟁, 잔혹한 장면, 전율할 만한 모습을 한 굶주린 어린아이들은 우리의 감정을 공격한다. 그 강도는 도저히 참을 수 없을 정도이며, 결과적으로 우리는 일어나 스위치를 끄거나, 아니면 계속해서 텔레비전 화면을 보면서 내면에 있는 감정의 스위치를 내려 버린다. 여기서 후자가 훨씬 더 위험하다. 더 이상 공포스럽고 잔혹한 장면들을 보고서도 자극받지 않기 때문이다.

최근에 나는 두 편의 영화를 보고 큰 감명을 받았다. 하나는 베르그만(Bergman)의 "가을 소나타"(Autumn Sonata)로, 이 영화는 어머니의 사랑을 받지 못하고 자란 딸이 자신의 자녀도 사랑하지 못하는 애정 결핍의 악순환을 어머니, 딸, 손자의 3대를 통해 영상화한 작품이다. 또 "크레이머 대 크레이머"(Kramer vs. Kramer)라는 영화는 이혼한 부부가 어린 자녀의 양육권을 놓고 실랑이하는 내용을 절도 있게 영상화한 영화다. 이 두 영화 모두 상영이 끝나자마자 관객들은 일어나 밖으로 나가면서 왁자지껄 떠들어 댔다. 그러나 나는 자리를 떠나지 못했다. 자막이 다 올라간 뒤에도 눈물을 주체할 수 없었다. 그때 나와 동행한 젊은이와 학생들 역시 모두 큰 감동을 받아 5분가량 꼼짝 않고 앉아 있었다. 우리는 뭐라 말해야 할지 알 수 없었다. 결국 우리의 감정을 기도로 표출하기 위하여 교회로 발길을 돌려야 했다. 어떻게 사람들은 이런 영화를 보고서도 감동하지 않을 수 있을까? 정녕 예수님은 우리 감정의 주님이신가?

한편 반대 극단에는 그 어느 것에도 제약을 받지 않는 감정주의(emotionalism)를 신봉하는 사람들이 있다. 고대 세계에는 결실의 신인 바커스 또는 디오니소스를 추종하는 자들이 있었다. 그들은 열광적으로 춤을 추고 날뛰며, 또 술과 음식과 섹스에 몰입하면서 그들의 신을 찬양했다. 기독교 초기 시절의 일부 영지주의자들은 물질과 육체가 악하다고 믿었기 때문에, 아무런 제한 없이 그것을 즐기고 탐닉해도 좋다고 주장했다.

현대의 개방적 흐름은 종종 프로이트의 탓으로 치부되곤 한다. 물론 나는 언제나 그렇다고는 생각하지 않는다. 프로이트 지지자들은 감정을 억누르는 것이 위험하다고 생각한다. 일반인들은 감정을 무의식적으로 억압하는 것과 감정을 억제하는 것 사이의 차이를 종종 이해하지 못한다. 그들은 건강한 상태를 유지하기 위해서는 감정을 표출하는 것이 올바르다고 생각한다. 현대 실존주의는 이런 생각을 더욱 부추겼다. 실존주의는 이렇게 말한다. "나는 진정한 인간이 되어야 한다. 그리고 진정한 인간이 되기 위해서는 나 자신의 것을 나 자신의 방식으로 행해야 한다. 그러므로 당신은 나를 그냥 내버려 두어야 한다. 나는 나 자신이 되고, 그 어느 것에도 구속받지 않은 채 나 자신을 표현하고자 한다." 오늘날 일부 기독교는 진리를 희생해 가면서까지 영적인 체험을 지나치게 추구하는 경향이 있다. 그들은 "오, 너희 복음주의는 너무 이지적이다. 나는 가슴에 와 닿는 종교를 원한다. 나는 머리보다는 가슴을 더 좋아한다"고 말한다. 이 둘을 상반된 것으로 여기는 것은 정말 애석한 일이다. 우리에게는 둘 다 필요하다. 우리에게는 지적이면서 동시에 감정적인, 즉 우리의 인간성 양쪽 부분을 모두 충족시키는 성경적인 신앙이 필요하다.

이에 대해 한 가지를 더 언급해 보겠다. 우리의 지성과 마찬가지로 감정 역시 타락했다. 나는 전적 부패(total depravity)의 교리를 믿는다. 사람들이 흔히 전적 부패를 부인하는 이유는 그 의미를 이해하지 못했기 때문이다. 이 교리는 모든 죄인이 악할 대로 악하다는 것, 즉 전적으로 부패했다는 뜻이 결코 아니다. 믿는 사람 그 누구도 이렇게 배운 적이 없으며 이것은 명백히 사실이 아니다. 모든 인간이 악할 대로 악한 것은 아니다. 이것은 전적 부패가 의미하는 바가 아니다. 부패의 전체성은 부패성의 정도를 언급하는 것이 아니라 부패성의 범위를 언급하는 것이다. 제임스 패커(James Packer) 박사는 이를 탁월하게 정리했다. 그는, 전적 부패란 모든 사람이 악할 대로 악하다는 것이 아니라 선해야 할 만큼 선한 자는 아무도 없다는 뜻이라고 말했다. 다시 말해, 타락이 우리의 모든 부분, 즉 우리의 지성, 우리의 감정, 우리의 양심, 우리의 성, 우리의 의지에 영향을 미쳤다는 것이다. 인간성의 모든 부분이 타락으로 인해 비뚤어지고 왜곡되어 버렸다. 우리의 감정은 무엇이 선한지 전혀 신뢰할 수 없는 길잡이가 되었다. 우리의 지성과 감정은 신뢰할 만하지 못하다. 우리 혼자 힘으로는 올바르게 사고할 수 없다. 우리 혼자 힘으로는 올바르게 느낄 수도 없다. "내 생각은 분명 맞다" 또는 "내 느낌은 분명 옳다"고 말하는 것은 그래서 잘못된 것이다. 내가 사고하고 느끼는 것은, 무엇이 선하고 올바른지를 분별하는 데 매우 주관적이고 위험스러우며 신뢰할 수 없는 기준이기 때문이다. 우리는 우리의 지성을 그리스도의 주되심 아래 복종시켜야 하며, 우리의 감정 또한 그리스도의 주되심 아래 복종시켜야 한다. 예수님이 우리의 지성을 통제하시도록, 또한 우리의 감정을 통제하시도록 내어 드려야 한다.

    분명한 이해를 돕기 위해 두 가지 예를 들어 보겠다. 우리의 지성은 우리의 감정을 검열해야 한다. 분노에 대해 생각해 보자. 분노에는 의로운 분노가 있고 불의한 분노가 있다. 성경에는 하나님의 진노가 등장한다. 하나님은 의로운 분노를 발하시며, 또 악에 대해 분노하신다. 예수님은 바리새인들로 인해 화를 내셨으며 성경에는 그분의 분노에 대해 한두 번 언급되어 있다. 또한 에베소서에서 바울은 "분을 내어도 죄를 짓지 말라"고 말한다. 의로운 분노가 있긴 하지만, 화와 진노는 신약에서 그리스도인들에게 금해진 육신의 죄 중 일부이기도 하다. 우리 내부에서 분노의 감정이 일 때, 우리

우리는 우리의 지성을
그리스도의 주되심 아래 복종시켜야 하며,
우리의 감정 또한 그리스도의 주되심 아래 복종시켜야 한다.
예수님이 우리의 지성을 통제하시도록,
또한 우리의 감정을 통제하시도록 내어 드려야 한다.

의 지성을 사용하여 '이것이 의로운 분노인가 불의한 분노인가? 처음에 나를 화나게 한 것은 무엇인가? 하나님의 말씀에 비추어 보아 내가 화를 내는 것이 옳은가?'라고 자문하기 전에 분노를 표출하는 것은 매우 어리석은 일이다. 그러므로 우리가 느끼는 분노는 하나님의 은혜에 의해 검증될 필요가 있다. 때때로 우리는 분노를 표출할 수도 있다.

또 하나의 예로서 사랑, 특별히 이성간의 사랑을 들어 보자. 나는 여러분에게 이른바 사랑에 빠진다는 것에 의해 압도되고 또 그것 자체가 결혼을 위한 적합한 기초가 된다고 생각하는 것을 경계하라고 촉구하고 싶다. 결혼에는 사랑 말고도 고려해야 할 사항들이 있다. 이를테면 지적 적합성 같은 것들이다. 즉 내가 사랑에 빠진 그 사람은 그리스도인인가, 헌신되고 성숙하며 장성한 그리스도인인가? 그 사람은 내 자녀들에게 훌륭한 아버지 또는 어머니가 될 것인가? 그 사람은 나의 훌륭한 동반자가 되겠는가? 육체적으로 끌리며 또한 내가 존경할 만한가? 사랑의 감정이 내부에서 치솟기 시작할 때 지성이 이런 질문들을 해야 한다. 사랑은 신뢰할 수 없는 감정이기 때문에 하나님의 말씀으로 검증되어야 한다.

여러 사람들이 개인 상담을 하기 위해 나를 찾아오는데, 한 번은 기혼자가 와서 이렇게 말했다. "아내와 이혼해야겠습니다. 저는 다른 여자와 사랑에 빠졌는데, 이 여자야말로 저에게 적합한 사람이거든요. 저도 그 여자에게 잘 어울립니다. 우리는 천생연분이에요. 제가 현재의 제 아내와 결혼한 것은 실수였습니다. 저는 새로 만난

이 여자를 몹시 사랑해요. 이것이 분명 옳은 것이라고 생각합니다." 나는 그에게 이렇게 말해 주었다. "아니오. 그 반대입니다. 그것은 분명 잘못된 것입니다. 당신에게는 이미 아내가 있지 않습니까?" 사랑에 빠진다는 감정은 신뢰할 수 없는 근거다. 우리는 우리의 감정을 예수님의 주권과 결혼, 이혼 그리고 성행위를 향유할 수 있는 적절한 배경(이성 간의 결혼)에 대한 그분의 가르침 아래 놓아야 한다.

자, 이제 여러분은 하나님의 말씀과 예수님의 주되심의 중요성을 알게 되었을 것이다. 예수님은 내 지성의 주님이신가? 예수님은 내 감정의 주님이신가?

예수 그리스도, 우리 의지의 주
───────

성경은 어떤 점에서 두 개의 동산에 대한 이야기다. 어쩌면 두 개 이상의 동산에 대한 이야기일지도 모른다. 하늘이 일종의 정원 도시로 묘사되기 때문이다. 첫째 동산은 에덴 동산인데 거기서 아담은 자기 창조주의 의지를 거슬러 자신의 의지를 행사했다. 그러나 겟세마네 동산에서 둘째 아담인 예수는 자신의 의지를 그의 하늘 아버지의 의지에 복종시켰다. 물론 그 복종은 십자가 위에서 완성되었다. 여러분은 겟세마네 동산에서의 고뇌에 대한 이야기를 기억하는가? "내 원대로 마옵시고 아버지의 원대로 하옵소서." 이 말은 매우 중요하다. 나는 이 말의 중요성을 다음 세 가지로 요약하고자 한다.

두 가지 의지가 있다는 사실

"내 원대로 마옵시고 아버지의 원대로 하옵소서." 여기에는 두 가지 의지가 있다. 하나는 하나님 아버지의 의지이고 다른 하나는 하나님의 아들이자 동시에 사람의 아들(人子)인 예수의 의지다. 하나님은 인간을 그분의 의지대로 창조하셨다. 그러나 인간은 자동적으로 반응하도록 설계된 컴퓨터가 아니다. 인간은 유전적인 본능에 의해 제한되는 단순한 동물이 아니다. 인간에게는 지성과 의지가 있다. 인간, 즉 남성과 여성은 자신을 믿는 인격체다. 우리 각자는 우리 자신의 지성과 의지를 가지고 있다. 그것은 두 가지 의지가 존재한다는 뜻이다. 곧 하나님의 의지와 나의 의지가 존재하는 것이다.

두 가지 의지의 이상적인 관계

인간의 의지와 하나님의 의지의 이상적인 관계는 무엇인가? 어떤 사람들은(심지어 신학자들조차도) 반역에 찬성한다. 그들은 이렇게 말한다. 자신의 권리를 주장하고 부모에게서 독립하려는 것이 아이들의 성숙의 과정이듯, 사람은 하나님께 반역하고 또 독립을 꾀할 때에만 성인이 된다고 말이다. 일반인들과, 신이 죽었다고 주장하는 신학자들은 인간이 성인이 되었다고 가르쳤다. 그러나 우리는 그렇지 않다고 말한다. 우리는, 인간으로서 우리 자신의 자율을 선포하면서 주 하나님을 제거하는 것은 성숙이 아니라 죄라고 말한다. 성경에서는 바로 이것이 죄라고 말한다. 우리의 자율을 선포하면서 하나님께 반역하는 것은 죄다. 에덴 동산의 아담은 창조주에게 반역하는 어리석은 짓을 저질렀다. 또한 이스라엘도 선지자들을 통해 선포된 하나님의 말씀을 지속적으로 완고하게 거부하는 어리석음을 범했으며, 오늘날의 우리도 똑같은 죄와 어리석음을 범하고 있다.

그러므로 인간의 의지와 하나님의 의지의 이상적인 관계는 반역이 아니다. 그러나 어느 한쪽이 다른 한쪽에 흡입되는 것 또한 이상적인 관계는 아니다. 이것은 동양 신비주의의 특징으로 말미암은 오류다. 힌두교도건 불교도건 동양의 신비주의자는 자신의 개체성을 유감스럽게 생각하며, 또 하나님('최고의 존재', '실재', '세계의 영혼' 등 명칭이야 무엇이든 간에)에 대항하는 그 자신의 존재를 유감스럽게 생각한다. 동양의 신비주의자는 열반에 몰입되고, 또 존재의 대해(大海) 속에 있는 물방울같이, 또는 태고의 불길 속에 있는 불꽃같이 동화되기 위하여 자신의 정체성을 상실하기를 갈망한다. 그것은 기독교적이 아니다. 기독교에도 신비주의가 있긴 하지만, 동양의 신비주의와는 전혀 다르다. 하나님은 우리의 분명한 개체성을 창조하셨으며 우리는 그것을 영원히 누릴 것이다. 여러분은 여러분 그대로 남아 있게 되며 나는 나 그대로 영원히 남아 있게 된다. 신성에 흡수되어 우리의 개체성을 상실하는 일이 있어서는 안 된다. 그것은 올바른 길이 아니다.

하나님의 의지에 대한 인간의 의지의 관계는 반역도 아니고 일방적인 흡수도 아니다. 그것은 복종, 그것도 자발적인 복종이다. 예수님은 아버지를 거슬러 자신의 의지를 행사하지도 않으셨고, 반면 자신의 의지를 거두어들여 아버지께 흡수되기를 갈망하지도 않으셨다. 그는 자신의 의지를 계속 지닌 채 아버지께 복종시키셨다. 제자들이 주인보다 높을 수는 없다. 따라서 우리는 예수님이 그러셨던 것처럼 의지의 반역이나 소멸이 아니라 의지의 자발적인 복종 가운데서 우리의 참된 정체성을 발견한다. 그분은 말씀하셨다. "내 원대로 마옵시고 아버지의 원대로 하옵소서." 그분은 주기도문에서 우리에게 기도하는 법을 가르쳐 주셨다. "뜻이 하늘에서 이룬 것같이 땅에서도 이루어지이다." 이것이 바로 자유의지의 의미다. 자유의지를 어떻게 정의할 수 있겠는가? 자유의지는 모든 권위와 제한으로부터 자유로워진 의지가 아니다. 자유의지는 신적 의지에 흡수되기 위하여 자신의 존재로부터 자유로워진 것이 아니다. 그것은 하나님을 섬기는 데 자신을 드림으로써 자신에게 속박된 것으로부터 자유로워진 것이다.

우리는 두 가지 의지가 존재한다는 사실과 그 이상적 관계, 즉 하나를 다른 것에 복종시키는 것에 대해 생각해 보았다. 이제 끝으로 이렇게 해야 하는 이유를 알아보자.

나의 의지를 하나님께 복종시켜야 하는 이유

우리는 모두 반역적이지 않은가? 우리는 때로 이를 갈고 주먹을 불끈 쥐면서 "왜 나의 의지를 하나님께 복종시켜야 한단 말인가?"라고 말한다. 겟세마네 동산에서 예수님은 이렇게 말씀하셨다. "나의 아버지시여, 될 수만 있으면 이 잔을 내게서 지나가게 하옵소서. 그러나 내 원대로 마옵시고 아버지의 원대로 하옵소서." 요한복음을 보면, 겟세마네 동산에서 예수님이 고뇌하신 후에 군병들이 그를 체포하러 오고 베드로가 방어하려 했을 때, 예수님은 "아버지께서 내게 주신 이 잔을 내가 어찌 마시지 않겠느냐?"라고 말씀하셨다. 이것이 바로 우리의 의지를 하나님의 의지에 복종시키는 이유다. 왜냐하면 이것이 우리 아버지의 의지이며, 그분의 의지는 '선하고 기뻐하시고 온전한' 것이기 때문이다.

그는 아버지의 사랑으로 우리를 사랑하신다. 그의 사랑은 온유하며 연민에 가득 차 있다. 그는 최선의 것 외에는 우리에게 아무것도 바라지 않으신다. 그는 우리가 우리의 잠재력을 그를 섬기는 데 사용함으로써 인간으로서 완성되기를 원하신다. 그의 의지는 적극적이고 건설적이며 사랑에 찬 것이다. 그것이 우리 아버지의 의지라는 것을 알면서도 그것에 반역하는 것은 몹시 어리석은 짓이다. 왜냐하면 나의 아버지의 뜻에 복종함으로써 나는 나 자신을 발견하기 때문이다.

여러분은 예수님이 "내 일은 나를 보내신 이의 뜻을 행하고 그의 사역을 완수하는 것"이라고 말씀하신 것을 기억하는가? 그것이 내가 먹고 마실 것이다. 그것이 나를 만족케 하는 것이다. 나를 새롭게 하는 것은 그의 뜻을 행하고 그의 일을 완수하는 것이다. 그리고 그것은 십자가를 의미한다. 그것은 십자가의 비통한 고뇌를 가리킨다. 그것은 역설이다. 예수님은 아무리 고통스럽다 할지라도 아버지의 뜻을 행하는 데서 먹을 것과 마실 것을 발견했다. 우리도 이와 똑같이 증언할 수 있다. 하나님의 뜻에 반역하는 태도만큼 비참한 것은 없다. 그리고 당신이 하나님의 뜻 가운데 있다는 것을 아는 것만큼 큰 기쁨과 평안은 없다. 그러므로 온전한 그리스도인이 되는 것은 우리의 지성과 감정과 의지를 예수님의 주권적인 사랑의 통치, 곧 주되심 아래 복종시키는 것이다.

제2장 소명

직업과 소명

───────

"일이란 일하는 자에게는 성취를, 공동체에는 유익을,
하나님께는 영광을 가져오는 것으로
다른 사람들을 섬기는 데 에너지를 쏟는 것이다."

───────

상당히 일반적으로 사용되면서도 어느 정도 오해의 소지가 있는 세 가지 단어를 고려해 보고자 한다. 첫째는 '소명'(vocation)이고, 둘째는 '섬김'(service) 또는 '사역'(ministry)이며(이 두 단어는 동의어다), 셋째는 '일'(work)이라는 단어다. 그러면 이제 이 세 단어들을 성경적으로 이해해 보자.

'소명'은 오랜 동안의 변천 과정을 거쳐 그 의미가 축소된 성경 단어들 가운데 하나다. 그리고 오늘날에는 본래의 성경적 의미보다 훨씬 더 협소한 의미로 사용되고 있다. 누군가 여러분에게 소명이 무엇이냐고 묻는다면, 그것은 직업(job)이 무엇이냐는 질문을 정중하게 표현한 것이다. 그리고 그런 질문을 한 사람들은 "의사입니다" 또는 "교사입니다" 또는 "…입니다"라는 대답을 예상한다. 예를 들어 소명 훈련(vocational training)은 일반적으로 어떤 특정한 직업(career)을 위한 훈련을 의미한다. 그러나 그것은 소명이란 단어의 성경적 의미가 아니다. 성경적 용례를 보면, 소명이란 단어는 단순히 직업이라는 말보다 훨씬 넓고 훨씬 큰, 그리고 감히 말하건대 훨씬 고상한 의미를 지닌다.

소명이란 단어는 라틴어에서 기원한 단어이며, 앵글로 색슨계의 동의어는 '부르심'(calling)이다. 신약에서 '부른다'는 의미의 헬라어 동사 '칼레오'(*kaleō*)는 하나님과 관련하여 최소한 150회 이상 사용된다. 때때로 그 단어는 세상적인 배경에서 사용되어, 결혼식이나 잔치에 초대받는 것을 의미하기도 한다. 또한 헤롯 왕이 현자들을 소환했을 때처럼 누군가를 소환하는 데 사용되기도 한다.

그런데 하나님이 우리를 부르셨을 때, 그 부르심은 이러한 개념 둘 다를 포함하는 것이다. 즉 한편으로는 은혜로운 잔치로의 초대이며 다른 한편으로는 권위 있는 소환이다. 내 생각에, 우리의 부르심 또는 우리의 소명에 대해 성경에서 말하는 바는, 하나님이 우리를 부르실 때 무언가를 하라고 부르시는 것이 아니라 무언가가 되라고 부르신다는 것이다. 즉 성경에 따르면 소명이란 단순히 우리의 직업보다는 우리의 성품과 우리가 어떠한 사람인가 하는 것에 더 많이 관련된다. 흥미롭게도 오늘날에는 소명을 이와 같은 의미로 말하는 비그리스도인들이 있는데, 이들은 일부 그리스도인들보다 소명을 더 성경적으로 이해하고 있는 것이다.

테오도르 로작(Theodore Roszak)의 명저 「반문화 만들기」(*The Making of the Counter Culture*)는 서유럽 대학에서 학생 소요가 절정에 달한 직후인 1960년대 말에 출간되었다. 이 책은 본질적으로 서유럽 민주주의 사회에 대한 분석이며, 또 서유럽 민주주의 사회를 반대하는 비판에 대한 분석이다. 그런데 로작은 그리스도인이 아니다. 그러나 과학 기술이 인간을 만족시킬 수 있다는 상상이 어리석다는 것을 말하고자 했을 때, 그는 자신이 생각하는 바를 표현할 어휘를 예수님의 말씀에서 찾았다. "내가 말하고자 하는 바는 이것이다. 즉 '사람이 온 천하를 얻고도 제 영혼을 잃으면 무엇이 유익하리요.'" 계속해서 그는 이렇게 말한다. "인간이 훌륭한 과학자(훌륭한 의사, 훌륭한 학자, 훌륭한 행정가, 훌륭한 전문가라는 말을 덧붙일 수도 있었으리라)가 되는 것이 가장 중요한 것은 아니다. 인생은 우리가 어떤 직업적

"인생은 우리가 어떤 직업적 능력을

갖고 있는가에 달려 있지 않다.

가장 중요한 것은

우리 각자가 인간이 되는 것,

즉 온전하고 통합된 인간이 되는 것이다."

- 테오도르 로작

적 능력을 갖고 있는가에 달려 있지 않다. 가장 중요한 것은 우리 각자가 인간이 되는 것, 즉 온전하고 통합된 인간이 되는 것이다." 이것이 어느 비그리스도인의 입에서 나온 말이라니 참으로 놀라운 일이 아닐 수 없다.

로작의 이 말에는 실제로 경험되는 인간의 다양성에 대한 인식과, 전율할 정도로 방대한 실재를 고려한 인식이 들어 있다. 그러므로 여러분에게 가장 중요한 일은 훌륭한 그리스도인과 훌륭한 인간이 되는 것이다. 훌륭한 의사가 되는 것도 중요하지만 이보다 중요하지는 않다. 물론 이것은 인위적인 구분이다. 내가 강조하고자 하는 바는, 훌륭한 인간이 되지 않고서는 훌륭한 의사가 될 수 없다는 것이다.

이제 신약성경을 살펴보면서 이 부르심이라는 단어가 사용된 경우와 하나님이 우리를 무엇으로 초대하시는지, 우리를 무엇으로 부르시는지에 대해 고찰해 보자. 그리스도인으로서 우리의 소명이 무엇인지 살펴보기 위하여 소명을 일곱 가지 세부 항목으로 나누어 요약해 보겠다.

우리의 기독교적 소명

---

1. 하나님은 우리를 예수 그리스도께로 부르신다. "너희를 불러 그의 아들 예수 그리스도 우리 주와 더불어 교제하게 하시는 하나님은 미쁘시도다"(고전 1:9). 이 얼마나 놀라운 구절인가? 우리는 하

나님의 신실하심과 그리스도와의 교제에 대해 말하는 이 말씀을 묵상하면서 한나절을 보낼 수도 있다. 하나님의 부르심은 우리가 예수 그리스도를 알고 또 그분과 교제해야 한다는 것이다. "너희도 그들 중에서 예수 그리스도의 것으로 부르심을 받은 자니라"(롬 1:6). 예수님이 사람들을 부르셨을 때, 그분이 "나에게 오라, 나를 따르라"고 말씀하셨다는 것은 복음서에 아주 분명하게 나와 있다. 그것은 그를 알라는 부르심이었다. 그와 함께 있으라는 부르심이었다. 그와 교제하라는 부르심이었다. 그에게 속하라는 부르심이었다. 그것은 근본적으로 그리스도인이 됨을 의미한다. 본질적으로 그리스도인이 된다는 것은 그리스도를 알고 그에게 속하는 것이다. 그리하여 그는 우리의 구세주이자 우리의 친구가 되시고 우리의 주가 되신다.

2. 하나님은 우리를 자유의 자리로 부르신다. 우리가 예수 그리스도께 속하도록 부름받았다고 할 때, 그 의미는 그분의 노예와 종이 되도록 부름을 받았다는 뜻이다. 따라서 우리는 이 노예라는 것이 무엇을 의미하는지 정의해야 하고, 더 나아가 신약성경에 의하면 이것이 진정한 자유라는 사실도 알아야 한다. 갈라디아서 5:1은 "그리스도께서 우리를 자유롭게 하려고 자유를 주셨으니 그러므로 굳건하게 서서 다시는 종의 멍에를 메지 말라"고 말한다. 또 같은 장 13절은 "너희가 자유를 위하여 부르심을 입었으나"라고 말한다. 즉, 우리는 죄의식으로부터의 자유 그리고 말콤 머거리지(Malcolm Muggeridge)가 "내 자아의 어둡고 작은 토굴 감옥"이라 부른

'자기 중심성'으로부터의 자유를 위하여 부르심을 입었다. 우리는 두려움으로부터 자유로워진다. 그리고 궁극적으로는 죽음으로부터 자유로워진다. 하나님과 인간을 사랑하면서 살아가도록 자유로워진다. 이것이 우리가 부름받은 자유다.

3. 하나님은 우리를 교제의 자리로 부르신다. 여기서 말하는 것은 하나님의 아들 예수 그리스도와의 교제가 아니라 지체들 간의 교제를 뜻한다. 골로새서 3:15은 "그리스도의 평강이 너희 마음을 주장하게 하라. 너희는 평강을 위하여 한 몸으로 부르심을 받았나니"라고 말한다. 우리가 다른 사람들과 교제할 때 얻게 되는 이 평강이란 무엇인가? 바울은 계속해서 이것을 정의해 나간다. 성경이 말하는 평강[peace, 그 유명한 히브리어 단어 '샬롬'(shalom)]은 사회적 개념이다. 이것은 호젓한 곳에서 나 혼자 즐기는 내적 평정이 아니라, 하나님과의 화해 그리고 서로와의 화해이기도 한 것이다.

골로새서 3:15을 문맥을 통해 보면, 바울이 언급하고 있는 평강이 바로 이런 의미에서의 평화임을 명백히 알 수 있다. 유사한 서신서인 에베소서에서도 동일한 것을 가르쳐 주는데, 그 서신서는 우리가 부름받은 하나님의 새 공동체에 대한 모든 것을 다루고 있다. 그러므로 나는 그 누구도 고립되어 살지 않기를 바란다.

신약성경에서는 교회에 출석하지 않는 그리스도인과 같은 기괴한 변칙에 대하여는 추호도 언급하지 않는다. 하나님은 우리를 그리스도와, 그리스도의 새 공동체에 속하도록 부르신다. 우리가 서로에게 속하지 않고도 그리스도께 속한다는 것은 생각조차 할 수 없다. 우리는 그리스도께로 부름받는다. 자유로 부름받는다. 교제로 부름받는다.

4. 하나님은 우리를 거룩함의 자리로 부르신다. 우리는 "성도로 부르심을 입는다"(롬 1:7). 또는 고린도전서 1:2에서처럼 하나님의 거룩한 백성에 속하도록 부름받는다. 성도는 어떤 것에 속하기 위해 구별된 사람들이다. 우리는 하나님이 우리에게 주신 새로운 표준과 새로운 가치 체계를 발전시키기 위하여 세상의 표준과 가치 기준으로부터 구별된다.

우리는 성도가 되도록 부름받는다. 그리스도인의 부르심은 "거룩한 부르심"이다(딤후 1:9). "오직 너희를 부르신 거룩한 이처럼 너희도 모든 행실에 거룩한 자가 되라"(벧전 1:15). "하나님이 우리를 부르심은 부정하게 하심이 아니요 거룩하게 하심이니"(살전 4:7). 이제 여러분은 우리가 거룩하도록 부름받는다는 점을 신약성경에서 여러 번 반복하는 것을 살펴보았다. 여러분이 거룩함이라는 단어를 좋아하지 않는다면, 그리스도를 닮음이라는 단어를 사용하도록 하라. 우리는 우리의 성품과 행위가 그리스도를 닮도록 부름받는다.

5. 하나님은 우리를 증거하는 자리로 부르신다. 하나님의 백성으로서 그리스도인 된 우리 소명의 일부는, 그분의 놀라운 행위를 전 세계에 널리 전파하는 것이다. "그러나 너희는 택하신 족속이요 왕 같은 제사장들이요 거룩한 나라요 그의 소유가 된 백성이니 이는 너희를 어두운 데서 불러내어 그의 기이한 빛에 들어가게 하신 이의 아름다운 덕을 선포하게 하려 하심이라"(벧전 2:9). 이것은 과거

의 우리와 현재의 우리 사이의 두드러진 대비다.

우리는 어두움 가운데 있었다. 그러나 지금은 그분의 기이한 빛 가운데 있다. 우리는 그분의 백성이 아니었으며, 그분으로부터 소외되어 있었다. 그러나 지금은 그분의 백성이며, 그분과 화해했다. 이전에 우리는 그분의 진노 아래 있었다. 그러나 지금은 그분의 자비 아래 있다. 우리는 이러한 진리들을 우리만 간직할 수는 없다. 그분은 우리를 자신의 기이한 빛 가운데로 부르신다. 그리하여 빛이 밝게 비취고 또 우리가 그분의 탁월하심을 전 세계에 널리 전파할 수 있게 하신다.

6. 하나님은 우리를 고난으로 부르신다. "죄가 있어 매를 맞고 참으면 무슨 칭찬이 있으리요"(베드로 박해의 검은 구름이 몰려오고 있을 때, 이 글을 썼다. 당시 네로는 기독교 교회를 박해하는 인물로 유명했다). 지은 죄가 있어 매를 맞을 경우에는 아무런 공로도 인정받을 수 없다. 죄를 지은 사람은 벌을 받아 마땅하다. "그러나 선을 행함으로 고난을 받고 참으면 이는 하나님 앞에 아름다우니라"(벧전 2:20). 그 이유는 무엇인가? 그것은 우리가 고난으로 부름받았기 때문이다. 그렇다면 우리가 고난으로 부름받은 이유는 무엇인가? 그것은 그리스도께서 우리를 위하여 고난받으셨기 때문이다. 따라서 우리는 그의 발자취를 좇아야 한다. 우리는 고난을 받으며 그 고난을 참도록 부름받았다. 고난이 우리가 받은 소명의 일부분이라는 것은 많은 그리스도인에게 놀라움과 충격을 준다. 그러나 그것은 사실이다. 고난받는 것은 기독교적 소명의 일부분이고, 언제나 그래 왔다.

예수님은 우리에게 고난에 대해 경고하셨다. 사도들도 고난에 대해 경고했으며, 이 사실은 오늘날에도 변함없다. 나의 절친한 친구이자 이슬람 국가에서 다년간 일해 오고 있는 한 의료 선교사가 나에게 보내 온 한 편지에서 이렇게 말했다. "세상으로부터 오해받고 비판받고 적대시되는 것이 그리스도인들인 우리의 운명 같습니다"(그는 그것이 그리스도인으로서 우리의 소명이라고 말하는 것이리라!). 그는 지방 이슬람교 신문들에 게재된 수많은 글들을 언급했다. 그 글들은 그리스도인들과 그들의 선교 사역에 매우 적대적인 태도를 보이고 있었다. "그래서 세상으로부터 오해받고 비판받고 적대시되는 것이 우리의 운명 같습니다. 가난하고 병들고 눈멀고 굶주린 자들은 어려움 가운데서도 수백 명씩 우리에게 오는 반면, 똑똑하고 부유하고 자부심 강한 사람들 중에는, 예수님이 성육신하셔서 우리 가운데 사셨을 때처럼, 우리를 비방하고 반대하는 데 시간을 보내는 사람들이 있습니다. 그러나 세상 가운데서 주를 위하여 모욕받는 것은 커다란 특권입니다. 오, 우리가 고난을 좀더 받을 수만 있다면…"

7. 하나님은 우리를 영광으로 부르신다. "모든 은혜의 하나님 곧 그리스도 안에서 너희를 부르사, 자기의 영원한 영광에 들어가게 하신 이가 잠깐 고난을 당한 너희를 친히 온전하게 하시며 굳건하게 하시며 강하게 하시며 터를 견고하게 하시리라"(벧전 5:10).

나는 기독교적 부르심에 여러분이 어떻게 반응하는지 잘 알지 못한다. 여러분은 이미 신약성경에서 이 구절에 대해 공부했을 것이므로 이 구절이 전혀 낯설지 않을 것이다. 개인적으로는, 이 구절이 그리스도인의 소명과 삶을 아름답고 균형 잡히게 묘사한 한 폭의 그림 같다고 생각한다.

이상의 일곱 가지를 기억하기 어렵다면, 다시 세 가지로 요약할 수 있을 것이다. 첫째, 우리는 그리스도께 속하여 그와의 교제와 그가 주시는 자유를 즐기고, 그를 닮아가는 가운데 자라도록 그리스도께로 부름받는다. 둘째, 우리는 기독교 공동체 내에서 서로서로 사랑하도록 부름받는다. 셋째, 우리는 세상을 섬기고 우리의 빛을 비추도록 부름받는다. 비록 이것이 고난을 의미한다 할지라도, 궁극적으로는 영광에 이르는 길이다. 나는 소명이라는 단어를 성경적으로 고찰함으로 이야기를 시작하고자 했다. 우리의 소명은 어떤 것을 행하는 것이라기보다는 어떤 존재가 되는 것이다. 앞에서의 일곱 가지 방식으로 하나님을 기쁘시게 하는 사람이 되는 것이다.

그리스도인으로서 우리의 섬김

이제 섬김(service) 또는 사역(ministry)이라는 두 번째 단어를 다루고자 한다. 이들 두 단어는 서로 대체 가능하다. 그리고 우리 자신을 위해서가 아니라 그리스도를 위해 살며 주를 위하여 다른 사람의 종이 되고자 하는 그리스도인의 생활양식을 의미한다. 나는 섬김 또는 사역이라는 단어에 대해 다음 세 가지를 말하고자 한다.

1. 모든 그리스도인은 예외 없이, 섬기라는 부름을 받았다. 나

는 모든 그리스도인이 소위 기독교 사역(the ministry, 이에 대해서는 곧 설명할 것이다)으로 부름받았다고 말하지 않는다. 나는 모든 그리스도인이 사역[ministry, 헬라어로 '디아코니아'(*diakonia*)]으로 부름받는다고 말했다. 목사직에 첫발을 내딛는 젊은이를 가리켜 '사역'(the ministry)을 시작한다고 말하는 것은 매우 잘못된 것이다. 우리가 목사직을 의미할 때, 정관사를 사용해서 사역이라고 말하는 것은 결코 옳지 않다. 그렇게 할 때마다 세상에는 오직 한 가지 형태의 사역만 있는 셈이 되고 그 호칭이 바로 '단 하나의 사역'이라는 인상을 주기 때문이다. 그러나 이것은 타당하지 않으며 성경적이지도 않다. 그리고 우리를 오도할 소지가 있기 때문에 그렇게 말하지 않았으면 한다. 어떤 사람이 나에게 와서 "저는 지금 사역을 시작하려고 합니다"라고 말할 때마다, 나는 즉시 "그래요? 어떤 사역을 하려고 합니까?"라고 되묻는다. 사역의 종류는 많고 다양하기 때문이다. 목사직을 말하려 한다면, 목사직 또는 목회 사역이라고 말하도록 하자. 다른 많은 기독교적 사역, 또는 전임 기독교 사역들이 있다. 즉, 우리의 삶을 하나님과 사람을 섬기는 데 헌신하는 방법들은 많고 다양하다.

모든 그리스도인은 사역으로 부름받는다고 내가 이렇게 독단적으로 말할 수 있는 근거는 무엇일까? 어떻게 그것을 확신할 수 있을까? 그 대답은 우리의 모델이신 예수님 때문이다. "오히려 자기를 비워 종의 형체를 가지사 사람들과 같이 되셨고"(빌 2:7). 그는 주의 종에 대한 이사야서 후반부의 예언을 성취하셨다. 그는 섬기는 일, 선포하는 일, 치유하는 일, 굶주린 자를 먹이는 일, 슬퍼하는 자를 위로하는 일, 죄 지은 자를 용서하는 일에 거리낌 없이 자신을 내어 주셨다. 결코 자기 자신을 돌보지 않으셨다. 섬기는 일에 자신의 삶을 투신하셨다. 그는 타의 추종을 불허하는 종이셨다. 그는 이렇게 말씀하셨다. "인자가 온 것은 섬김을 받으려 함이 아니라 도리어 섬기려 하고 자기 목숨을 많은 사람의 대속물로 주려 함이니라"(마 20:28). 다락방에서 제자들이 저희 중에 누가 크냐고 서로 다투었을 때, 예수님은 "그러나 나는 섬기는 자로 너희 중에 있노라"(눅 22:27)고 말씀하셨다. 그는 이것을 행동으로 나타내셨다. 수건을 허리에 두르시고는(이는 종임을 상징하는 것이다) 대야에 물을 담아 제자들의 발을 씻기신 후에 "내가 주와 또는 선생이 되어 너희 발을 씻었으니 너희도 서로 발을 씻어 주는 것이 옳으니라. 내가 너희에게 행한 것같이 너희도 행하게 하려 하여 본을 보였노라"(요 13:14-15)고 말씀하셨다. 예수님이 종이셨다면, 종의 형체를 입으시고 섬기는 일에 자신을 투신하셨다면, 모든 그리스도인 역시 동일한 행동을 하도록 부름받는다.

우리는 위대하게 되도록 부름받은 것이 아니다. 우리는 섬기도록 부름받았다. 진실로 하나님 나라에서 위대함은 섬김이라는 기준으로 측정된다. 하나님 나라에서는 위대함이나 리더십이라는 개념이 세속적인 개념과는 근본적으로 다르다. 세상은 성공 또는 권력을 기준으로 위대함을 측정한다. 그러나 예수님은 섬김이라는 기준으로 위대함을 측정하신다. 여러분의 야망은 무엇인가? 나는 우리는 위대하게 되도록 부름받은 것이 아니다.
우리는 섬기도록 부름받았다.
진실로 하나님 나라에서 위대함은
섬김이라는 기준으로 측정된다.

여러분의 야망이 세속적인 의미에서 위대해지는 것이 아니기를, 유명한 내과 의사나 외과 의사 또는 선교사가 되어 신문의 헤드라인을 장식하는 것이 아니기를 바란다. 그리고 부자가 되는 것도 아니기를 바란다[사실 의사라는 직업으로 거부(巨富)가 될 수도 있다]. 또한 안락하게 사는 것도 아니기를 바란다. 여러분의 야망이 하나님 나라에서의 위대함, 즉 섬기는 것이기를 바란다.

어떤 저자가 표현한 대로, 섬김은 고결함에 이르는 디딤돌이 아니라 고결함 그 자체이며, 하나님 나라에서 인정받는 유일한 고결함이다. 여러분의 삶을 섬기는 일에 바치라. 모든 그리스도인은 섬김으로 부름받았다.

2. 그리스도인으로서 우리의 섬김은 일생의 직업을 포함한다. 다른 말로 하자면, 우리는 일생의 직업을 그리스도인으로서 우리가 행하는 섬김의 핵심으로 보아야 한다. 진실로, 우리가 그리스도인이라면, 우리의 직업과 관련하여 한 가지 분명한 것은 우리의 삶을 섬기는 일에 바쳐야 한다는 점이다. 우리가 예수님을 따르는 이들인 이상, 이 점은 타협할 수 없다. 장차 갖고자 하는 직업이 무엇이든, 그리스도인이라면 섬김이라는 관점에서 평생의 직업을 이해해야 한다. 내가 이렇게 말하는 이유는 너무도 많은 그리스도인들이 자신의 직업을 유감스러운 것으로, 불가피한 숙명으로, 때론 노골적으로 귀찮은 것으로까지 여기기 때문이다. 그들은 어떻게든 생계비를 벌어야 한다. 그들은 결혼하고, 자녀를 낳는다. 그리고 가족들을 부양해야 한다. 직업은 그 목적을 위한 수단일 뿐이다.

또 어떤 사람들은 자신의 직업을 개인적 야망의 관점에서 본다. 그들은 부, 지위, 권력, 안정을 원한다. 그러나 그리스도인이 그와 같은 표준에 의해 일생의 직업을 결정한다는 것은 생각할 수도 없는 일이다. 또 어떤 그리스도인들은 자신의 직업을 복음 전도를 위한 유용한 영역으로, 다른 방법으로는 다가갈 수 없는 사람들에게 그리스도를 위해 다가가는 하나의 방법으로 본다. 그러나 이것은 모두 직업을 택하는 이유로는 전적으로 부적합하다. 우리는 직업을 단순히 복음 전도의 영역으로만 보아서는 안 된다. 직업이 복음 전도의 영역일 수는 있으나, 그것이 우리가 직업을 갖는 이유의 전부는 아니다. 우리는 결코 우리의 직업을 어떤 목적을 위한 수단으로 보아서는 안 된다. 그 목적이 돈이든, 지위든, 권력이든, 또는 복음 전도의 기회든 그 무엇이든 간에 우리는 직업을 하나님이 그리스도인으로 우리를 부르신 섬김 그 자체로 보아야 한다. 그리고 우리의 직업을 하나님이 우리로 하여금 그분과 다른 사람들을 섬기게 하시는 방법으로 볼 수 없다면, 그 직업을 가질 이유가 없다.

3. 사역은 매우 다양하다. 앞에서 암시한 바 있지만 이제 이에 대해 좀더 상세하게 다루고자 한다. 사도행전 6장은 이러한 관점에서 볼 때 매우 중요하다. 여러분도 알다시피 사도행전 6장은 서로 다투는 과부들의 이야기다. 헬라어를 말하는 과부들과 아람어를 말하는 과부들이 있었다. 그들은 서로 다투었다. 그들 중 일부가 예루살렘의 초대교회에서 매일 행하던 구제(음식이건 의복이건 어떤 물품이건)에서 제외되어 있었기 때문이다. 헬라어를 말하는 그리스

도인들은 아람어를 말하는 그리스도인들에게 불평을 했다. 사도들은 매우 현명하게 처신했다. 그들은 교회 회의를 소집했다. 지역교회에 문제가 있어 다툼이 일어났을 때 여러분도 그렇게 하는지 궁금하다. 나는 그렇게 하는 것이 좋다고 생각한다. 그들은 교회 회의를 소집해서 사도들이 구제를 위하여 하나님의 말씀을 포기하는 것은 옳지 않다고 말했다. 그래서 그들은 성령 충만한 일곱 사람을 선택해서 이들에게 그 일을 맡겼다.

이는 매우 현명한 사역의 분배였다. 사도들은 말씀 사역에 부름받았다. 일곱 사람은 구제 사역에 부름받았다. 그러나 둘 다 사역이었다. 헬라어로 말씀 사역은 '디아코니아'(diakonia)이며, 구제 사역은 '디아코네인'(diakonein)이다. 즉, 둘 다 같은 단어를 사용하는 것이다. 둘 다 기독교적 사역이다. 그리고 둘 다 성령 충만한 그리스도인들을 필요로 했다. 하나는 사역이고 다른 하나는 사역이 아니거나, 하나는 세속적 사역이고 다른 하나는 영적인 사역이 아니었다. 그렇다. 하나는 우리가 목회 사역이라 일컫는 말씀 사역이었고, 다른 하나는 사회 봉사라 일컫는 구제 사역이었다. 둘 다 기독교적 사역들이다. 둘 다 전임 기독교 사역들이었다.

나는 이것을 특별히 강조하고 싶다. 우리 복음주의자들은 사역이라는 전반적인 문제에 대해 생각하는 데 매우 비성경적이기 때문이다. 우리는 복음의 피라미드를 세워 왔다. 그리고 그 피라미드의 꼭대기에는 해외 선교사가 자리 잡고 있다. 그는 영웅이다. 그래서 정말로 그리스도를 위해 철저히 헌신되어 있다면, 여러분은 틀

림없이 해외 선교사가 되려 할 것이다. 그 정도의 열심은 없다면 국내에 머물러 목사가 되려 할 것이다. 또 목사가 될 정도의 열심도 없다면 교사가 되려 할 것이다. 이런 식으로 피라미드는 열등한 어떤 것으로 내려간다. 여러분이 상업이나 산업 또는 정치(그 더러운 게임) 또는 방송, 언론계로 들어가면, 배교자가 되는 것이나 다름없다. 이 피라미드는 빨리 뒤엎어 버리면 버릴수록 좋다. 이것은 전적으로 비성경적이다.

사역은 매우 다양하다. 하나님은 각기 다른 사람들을 각기 다른 사역으로 부르신다. 주로 그들의 자연적·영적 은사에 따라 그렇게 하신다. 그리하여 그들은 하나님이 그들에게 적합하게 하신, 그리고 그들을 부르신 특정한 활동 장소에서 조화롭게 일한다. 이 말을 오해하지는 말라. 여러분 가운데는 의료 선교사도 있을 것이다. 그리고 나는, 하나님이 여러분을 선교사로 부르신다면 선교사가 되는 것이 기독교적 사역의 놀라운 형태 가운데 하나이며, 엄청난 특권이자 위대한 책임이라고 말하고 싶다. 세계 복음화는 우리의 영구한 책임이며 교회에서 최우선순위에 놓여야 한다. 목사, 의사, 교사가 되는 것 또한 특권이다. 그러나 그리스도인들은 정치가, 사업가 그리고 언론인이 될 필요도 있다. 기독교적 사역은 광범위할 정도로 다양하며 우리는 그 어느 것 하나라도 경시해서는 안 된다.

문제는 '하나님은 내가 무엇을 하도록 부르시며 또 어떻게 그분을 섬기기를 의도하시는가?'다. 남성들과 마찬가지로 여성들도 전문 사역에 참여하는 경우가 많다. 그러나 삶 전체를 결혼과 가사와 자녀 양육에 바치도록 부름받은 여성들도 있을 수 있다. 기독교적 가정을 세우고 기독교적 가족을 이루는 것은 여타 다른 사역 못지않게 기독교적인 사역이며, 따라서 전임 사역이 될 수 있다. 우리가 영원한 세계에 가게 되면 이 사회가 그리스도인 아내들과 어머니들에게 얼마나 많은 도움을 받았는지 알게 될 것이다.

내가 좋아하는 이야기가 하나 있다. 집시 스미스(Gypsy Smith)라고 불리는 한 복음 전도자는 스스로를 케임브리지 사람이라고 칭하곤 했는데, 그가 케임브리지 대학교를 졸업했기 때문이 아니라, 케임브리지 외곽의 한 개천에서 태어났기 때문이다. 그는 집시였으며, 소년 시절과 청년 시절을 집시들의 숙소와 야영지에서 보냈다. 이후 그는 회심했고, 하나님은 그를 전도자로 부르셨다. 그는 음악적 재능이 뛰어났다. 아름다운 목소리를 가졌고 바이올린도 연주할 수 있었다. 또한 그는 힘 있게 설교했다. 그리고 복음 전도자로서 전 세계를 두루 다녔다. 그가 선교할 당시, 한 여인이 그에게 다음과 같은 편지를 써 보냈다. "저는 당신의 사역으로 큰 복을 받았습니다. 저는 하나님이 저를 선교사가 되라고 부르셨다고 믿습니다. 그런데 저에게는 한 가지 문제가 있습니다. 다름 아니라 제게 20명의 자녀들이 있는데 어떻게 해야 할지요?" 그러자 집시 스미스는 더할 나위 없는 지혜로 그녀에게 다음과 같은 편지를 써 보냈다. "부인, 하나님은 당신을 설교자로 부르셨을 뿐만 아니라 회중까지도 주셨으니 이 얼마나 감사한 일입니까?" 하고 말이다.

일에 대한 성경의 가르침

이제까지 우리는 소명에 대해 이야기했다. 또한 섬김에 대해서도 이야기했다. 이제 세 번째로 일에 대한 성경적 교리를 다루고자 한다. 이에 앞서 한마디 한다면, 목사는 이 주제에 대해 상세하게 설명하기에는 오히려 가장 부적합한 사람이다. 잘 알다시피 목사의 생활에는 일상적 업무들이 거의 없기 때문이다. 목사는 6일 동안은 보이지 않다가 나머지 하루 동안 이해할 수 없는 짓을 한다는 명언도 있지 않은가!

나는 사우스 웨일즈에서 침대차를 타고 기차 여행을 한 적이 있다. 2등 침대차에는 이중 침상이 있다. 한 침상 위에 또 한 침상이 있는 것이다. 카디프(영국 웨일즈의 항구)에서, 나는 약간 술에 취한 웨일즈 사람과 한 칸을 같이 쓰게 되었는데 그는 광업 노동조합의 광부로서 공산주의자였다. 내가 목사라는 것을 알았을 때, 그는 이루 말할 수 없을 정도로 놀랐다. 그는 활기 없는 웨일즈 목소리로 이렇게 말했다. "당신은 이제 생산적인 사람이 되어야 합니다. 당신은 국가에 빌붙어 먹는 기생충이란 말이오." 많은 사람이 목사들에 대해 이렇게 생각하고 있다. 여러분도 이렇게 생각하고 있지 않나 싶어 내가 먼저 이 이야기를 꺼내는 것이 좋겠다고 생각했다.

우리는 일의 성경적 교리에 대해 무어라 말해야 하는가? 여기 널리 알려진, 일에 대한 견해가 하나 있다.

내가 달리 아무것도 할 일이 없다면,
나는 일하는 것을 싫어하지 않는다.
하지만 때때로 나는 일을 회피한다는 사실을 인정한다.
특히 지겨운 일인 경우에는 더욱 그렇다.
당신은 그렇지 않은가?
그러나 내가 내 방식대로 일할 수만 있다면,
그리고 그 일을 오늘 시작할 필요가 없다면,
나는 일하고 싶다고 말하는 것이
대체로 무난하다고 생각한다.

타락은 일을 고된 것으로 바꾸어 버렸다. 농사꾼들에게는 특히 더 그렇다. 땅은 저주를 받아 가시덤불과 엉겅퀴를 내며, 경작은 수고하고 이마에 땀을 흘려야 이루어진다. 그러나 우리는 일이 타락의 결과가 아니라 창조의 결과라는 점을 인식해야 한다. "하나님이 이르시되 우리의 형상을 따라 우리의 모양대로 우리가 사람을 만들고 그들로 바다의 물고기와 하늘의 새와 가축과 온 땅과 땅에 기는 모든 것을 다스리게 하자 하시고, 하나님이 자기 형상 곧 하나님의 형상대로 사람을 창조하시되 남자와 여자를 창조하시고 하나님이 그들에게 복을 주시며, 하나님이 그들에게 이르시되 생육하고 번성하여 땅에 충만하라, 땅을 정복하라, 바다의 물고기와 하늘의 새와 땅에 움직이는 모든 생물을 다스리라 하시니라"(창 1:26-28). 창세기 1:31에서 "하나님이 지으신 그 모든 것을 보시니 보시기에 심히 좋았더라"고 말씀하신 것은 하나님이 자신이 하신 일에 만족을 느끼셨다는 놀라운 예다. "하나님이 그 일곱째 날을 복되게 하사 거룩하게 하셨으니 이는 하나님이 그 창조하시며 만드시던 모든 일을 마치시고 그날에 안식하셨음이니라"(창 2:3).

이와 같이 성경의 제일 첫 번째 장에서 하나님은 자신을 일하는 자로서 계시하신다. 매일 단계별로 그분의 창조 계획이 밝혀졌다. 더욱이 그분이 인간을 자신의 형상대로 창조하실 때, 그분은 인간 또한 일하는 자로 만드셨다. 그분은 그들에게 자신의 통치권의 일부를 부여하셨으며, 또한 땅을 정복하라고 말씀하셨다. 이는 인류의 유익을 위해 땅의 자원을 이용하고 그것을 개발하라는 의미였다. 처음부터 인간은 환경을 돌보고 하나님을 위하여 그것을 발전시키도록 하나님의 대리인이자 청지기가 되는 특권을 부여받았다.

그다음에 우리는 창세기 2:8과 2:15의 말씀을 보게 된다. "여호와 하나님이 동방의 에덴에 동산을 창설하시고 그 지으신 사람을 거기 두시니라"(8절), "여호와 하나님이 그 사람을 이끌어 에덴 동산에 두어 그것을 경작하며 지키게 하시고"(15절). 하나님이 세상 전부를 인간의 지배 아래 놓으셨듯이, 이제 그분은 특별히 에덴 동산을 사람의 보호와 책임 아래 놓으신다. 하나님과 인간에 대해 이렇게 계시된 진리들(일하시는 자로서의 하나님과 일하는 자로서의 인간, 하나님의 형상대로 창조되었으며 하나님과 더불어 그의 통치권을 공유한 인간)에 비추어 볼 때, 일에 대한 성경적 교리를 어떻게 발전시킬 수 있겠는가? 나는 이에 대해 다음 세 가지를 말하고자 한다.

1. 일은 일하는 자의 성취를 위한 것이다. 우리는, 우리가 하는

일이 우리에게 가져다 주는 창조성 안에서 즐거움과 성취를 발견해야 한다. 하나님이 인간을 그분의 형상대로 지으셨으며, 인간에게 통치권을 주셨다는 두 가지를 함께 이해하는 것이 매우 중요하다. 인간이 소유한 통치권은 인간에게 각인된 신적 형상에 기인한다. 인간이 자연을 지배할 수 있는 이유는 하나님의 형상과 그분의 통치권을 공유하기 때문이다. 창조적 일에 대한 우리의 잠재력은 우리에게 있는 하나님 형상의 본질적인 부분이다. 그러므로 일은 우리 인간성의 불가결한 부분이다. 이 때문에 실업은 기독교적 시각에서 볼 때 매우 심각한 문제다. 하지만 우리는 일과 고용이 동일한 것은 아니라는 점을 기억해야 한다. 일은 하지만 고용이 안 된 사람들이 많다. 예를 들어 아내들은 가사를 꾸려 나가는 데 대한 임금을 요구하지 않는다. 그러나 그들을 고용이 안 된 사람과 똑같이 생각해서는 안 된다. 그들은 일하는 자들이다. 또 공동체 내에는 자원봉사자들이 많다. 그럼에도 불구하고, 실업은 그 많은 사람들에게 하나님이 주신 일하는 자로서의 부르심을 허락하지 않기 때문에 매우 심각한 것이다. 따라서 우리가 부지런한 대신에 게으르다면, 또는 창조적으로 일하는 대신에 파괴적이라면, 우리의 인간성을 부인하는 것이며, 또 결과적으로는 자신의 인간적 성취를 상실하는 것이다. 우리는 전도서 2:24과 3:22에서 "사람이 자기 일에 즐거워하는 것보다 더 나은 것이 없다"는 말씀을 볼 수 있다. 나는 일부 직업에 문제가 있다는 것을 안다. 예를 들어, 석탄 채굴은 먼지와 불편과 위험을 수반한다. 공장의 일관된 작업대는

지루함과 단조로움을 가져올 수 있다. 그리스도인들은 그들의 지성을 이 단조로움을 경감하는 데, 그리고 단조로운 일들을 좀더 창조적이고 만족스러운 일로 전환시키는 데 사용할 필요가 있다. 그러나 따분한 일조차도 바른 정신 가운데 바른 관점에서 행한다면 어느 정도의 만족을 누릴 수 있다.

2. 일은 공동체의 유익을 위한 것이다. 아담은 단지 자신의 성취를 위해서만이 아니라 자기 가족을 먹이고 입히기 위해 에덴 동산을 경작했다. 성경 전체는 공동체의 유익을 위한 생산을 분명하게 가르치고 있다. 하나님은 이스라엘에게 젖과 꿀이 흐르는 땅을 주셨다. 하나님은 왜 이스라엘에게 그렇게 기름진 땅을 주셨는가? 그분은 가난한 자, 고아, 과부, 이방인 그리고 그 땅에 거하는 모든 사람들이 그곳의 과실을 누려야 한다고 명하셨다. 그것은 공동체의 유익을 위한 것이다. 예를 들어 신약성경에서는 도둑은 도둑질을 멈추고 일을 시작하라고 말한다. 왜 그는 일해야 하는가? 그가 궁핍한 자들에게 내줄 것이 있도록 하기 위해서다. 그는 은혜를 베푸는 사람이 되어야 한다. 이렇듯 성경은 일을 공동체를 위해, 공동체에 의해 수행되는 공동체의 사업으로 본다. 일은 공동체를 위한 섬김이다. 일은 다른 사람들을 위한 섬김이다.

3. 일은 하나님의 영광을 위한 것이다. 우리는 창조시에 하나님이 인간의 협력을 얻기 위해 자신을 의도적으로 낮추셨다는 것을 이해할 필요가 있다. 그분은 땅이 스스로 생산적이 되도록 창조하지는 않으셨다. 그분은 인간에게 땅을 다스리는 통치권을 주셨다.

인간은 그것을 정복하고 경작해야 했다. 하나님은 인간과 협력하기 위하여 의도적으로 인간에게 의존하셨다. 그분은 스스로 번창하게 될 에덴 동산을 건설하지 않으셨다. 그분은 에덴 동산을 건설하신 후에 동산지기를 지명하셨다.

한여름에 어느 경건한 목사가 아름다운 정원 곳곳을 안내받고 있었다. 정원사는 화초가 잘 자라나 있는 화단으로 목사를 데리고 갔다. 그곳은 멋진 색상의 화초들로 아름답게 장식되어 있었다. 목사들이 늘 그러하듯이 이 목사 역시 경건해져서 "창조주 하나님은 얼마나 멋지신 분인가" 하고 감탄해 마지않았다. 그러자 정원사는 "이 정원이 하나님 손에만 있었을 때는 그 모습이 어떠했는지 목사님이 보셨어야 했어요"라고 대답했다. 사실상 그 정원이 하나님의 손에만 있었을 때는 혼란 상태였다. 그래서 정원을 돌볼 정원사가 필요했다. 하나님은 인간의 협력을 요구하기 위하여 의도적으로 자신을 낮추신 것이다.

물론 이러한 작업에서 하나님의 역할이 필수 불가결하다는 것을 분명히 강조할 필요가 있다. 예를 들어 바울은 "나는 심었고 아볼로는 물을 주었으되 오직 하나님께서 자라나게 하셨나니"(고전 3:6)라고 말했다. 우리가 심고 물을 주어도 하나님이 자라게 하지 않으신다면 아무 소용이 없다. 우리는 다음과 같은 추수의 찬송가를 부른다. "저 밭에 농부 나가 씨 뿌려 놓으니 주 크신 능력 내려 잘 길러 주셨네." 그러면서 우리는 하나님의 협력이 필요함을 강조한다. 그러나 이 말을 달리 보면, 우리가 심고 물 주지 않으면 하나님이 자라게 하시는 것이 아무 소용이 없음을 의미한다. 그리고 우리가 땅을 갈고 씨를 뿌리지 않으면 신의 손이 대지를 축복한들 아무 소용이 없다는 말도 된다. 우리는 하나님께 의존한다. 그러나 그분 역시 우리에게 의존하신다. 루터는 이를 구체적으로 다음과 같이 아름답게 표현하였다. "하나님은 당신을 통하여 소의 젖을 짜기까지 하신다." 소에는 많은 양의 젖이 있지만 누군가가 그것을 짜내지 않으면 아무런 도움이 되지 못한다.

동일한 진리가 의사에게도 적용된다. 파리 의과대학의 벽에는 다음과 같은 유명한 말이 쓰여 있다. "나는 상처를 싸맸다. 그리고 하나님은 그것을 치유하셨다." 이 말은, 하나님은 치유하셨지만 나는 그 상처를 싸맸다고 표현될 수도 있다. 즉, 내가 상처를 싸맬 필요가 있으며, 치료를 할 때 나는 하나님과 협력한 것이다. 이처럼 하나님은 창조주이시다. 그리고 인간은 경작자다. 둘은 서로를 필요로 한다. 창조와 경작, 자연과 문화, 원재료와 솜씨는 짝을 이룬다. 둘은 서로를 필요로 한다.

하나님과 인간의 협력이라는 이 개념은 모든 고귀한 일에 적용된다. 하나님은 지구상의 생명체가 우리의 협력을 필요로 하게끔 하셨다. 하나의 분명한 예로 어린아이를 들어 보자. 어린아이는 모든 피조물 가운데 가장 연약한 피조물이다. 한 아이가 태어났을 때, 우리는 하나님께 감사를 드린다. 우리는 어린아이들이 주님의 유업이요 선물이라고 말한다. 맞는 말이다. 물론 부모들이 아이의 출산에 관여하긴 하지만 우리는 아이를 하나님의 선물로 받는다.

하나님은 아이를 주실 때, 아이를 어머니의 품에 안기시며 "이제는 네가 아이를 돌보아야 한다"고 말씀하신다. 수년 동안 그 아이는 부모, 선생, 의사 그리고 기저귀나 유모차 등 아이가 필요로 하는 모든 것을 생산하는 산업계 종사자들의 손에 의지한다. 이러한 인간적 노력이 없다면 아이가 어떻게 존재할 수 있겠는가! 하나님은 인간이 자라서 성숙한 존재가 되기까지 우리의 협력에 의지하신다.

어른의 삶에서도 이것은 마찬가지다. 비록 우리의 생명이 하나님께 달려 있다 하더라도, 우리는 삶의 필수품들을 위해 서로에게 의지한다. 그리고 이러한 의존은 음식과 의복, 주거지와 따스함 그리고 건강, 돌봄과 같은 육체적 생활에 대한 것뿐만 아니라, 여가, 여행, 문화, 예술 등과 같이 문명화된 사회에서 인간의 삶을 부요하게 만드는 모든 것에 대해서이기도 하다. 삶은 다른 사람들의 도움 없이는 부요해질 수 없다. 우리의 직업이 무엇이든 간에 이 원리는 적용된다.

이제 두 가지 예를 들어 보겠다. 한 남자가 시골 길을 따라 걷고 있었다. 그는 시끄러운 소리가 나는 채석장을 지나치고 있었는데, 사람들이 무엇을 하고 있는지 궁금해서 그쪽으로 발길을 돌렸다. 그들이 얼마나 열심히 일하고 있는지 알고 싶어 그들 중 몇 사람과 이야기를 나누었다. 한 사람에게 다가가서는 이렇게 물었다. "무엇을 하고 계십니까?" 그 사람은 다소 못마땅하다는 투로 이렇게 말했다. "내가 뭘 하고 있는지 보면 모르겠소? 나는 지금 돌을 쪼고 있단 말이오." 다음 사람에게도 이렇게 물었다. "무얼 하고 계십니까?" "무얼 하고 있냐고요?" 그 사람이 대답했다. "나는 매주 150파운드를 벌고 있답니다." 이번에는 세 번째 사람에게 물어 보았다. "무얼 하고 계십니까?" 세 번째 사람은 정을 내려놓고 일어나더니 가슴을 열어젖히면서 이렇게 말했다. "내가 무얼 하는지 알고 싶은가 본데, 나는 지금 대성당을 짓고 있소." 여기서 우리는 일에 대한 상이한 태도들을 엿볼 수 있다. 어떤 사람은 지금 하고 있는 일 이상은 보지 못한다. 또 다른 사람들은 그들이 벌어들이고 있는 월급 이상은 보지 못한다. 그러나 우리는 일의 궁극적인 결과를 볼 필요가 있다. 앞의 예에서 그것은 대성당이다. 그리고 우리 같은 목사들의 경우, 그것은 인류를 향한 하나님의 목적을 성취하는 것이다. 의사들의 경우, 그것은 건강이며 질병과 싸우는 것이다. 우리는, 질병과 죽음에 직면하여 분개하셨으며 그 희생자들에게 동정을 베푸셨던 예수님의 사역에서 이에 대한 신적인 보증을 받는다.

나는 몇 년 전, 런던 포트에서 공중 보건 문제에 관여하고 있는 한 고급 관리와 이야기를 나눈 적이 있다. 런던 포트를 구경시켜 주고 그가 하고 있는 일을 설명해 준 데 대해 감사의 편지를 보내자, 그는 다음과 같은 답장을 보냈다. "저 자신의 목적을 위해 일하는 것, 월급봉투, 부수입, 사회적 안정 그리고 연금을 위해 일하는 것만으로는 만족스럽지 못합니다. 저는 제가 좀더 큰 인간의 활동 구조에 책임을 지고 있고, 우리 모두가 우리의 재능에 따라 인간의 복지를 향상시키고자 최선을 다하고 있다고, 그래서 우리의 경이로운 창조주의 뜻에 복종하고 있다고 생각하고 싶습니다. 이러한 사고방식으로 저는 매일 행복하게 일을 시작한답니다." 바로 이 사람은 하나님과 협력하고 있다고 생각하기 때문에 자신의 일에서 성취감을 누리는 것이다.

그러면 일이란 무엇인가? 나는 하나님이 의도하신 대로 일에 대한 정의를 다음과 같이 내리고자 한다. "일이란, 육체적인 일이건 정신적인 일이건 또는 둘 다이건, 일하는 자에게는 성취를, 공동체에게는 유익을, 하나님께는 영광을 가져오는 것으로, 다른 사람들을 섬기는 데 에너지를 쏟는 것이다." 하나님이 우리에게 이와 같이 일할 수 있도록 복을 내려 주시기를 바라 마지않는다.

일이란, 육체적인 일이건 정신적인 일이건

또는 둘 다이건,

일하는 자에게는 성취를,

공동체에게는 유익을,

하나님께는 영광을 가져오는 것으로,

다른 사람들을 섬기는 데 에너지를 쏟는 것이다.

제3장 참여
사회적 책임

"하나님이 창조하신 세상으로 나가라. 그리스도께서 오셨고
고통받으셨고 죽으셨던 세상으로 나가라. 구원을 삶 속에서 드러내고
봉사하기 위해 부름받은 세상으로 나가라."

최근 교회 내에 다소 심각한 양극화 현상이 있었다. 일부 복음주의 그리스도인들은 사회적 책임을 소홀히 하고 복음 전도에 집중하는 경향이 있었던 반면에, 다른 그리스도인들, 특히 에큐메니컬(ecumenical) 운동권(종파 및 교파 연합 운동 – 역주) 내에 있는 이들은 사회·정치적 책임에 치중하여 복음 전도를 단념하는 경향이 있었다. 그중 일부는 복음 전도를 사회적 책임이라는 견지에서 정의하려고까지 했다. 이것은 처음부터 슬프고도 헛된 논쟁이었다고 말하고 싶다. 사회적 책임과 복음 전도적 책임은 상호 분리될 수 없으며, 그러기에 우리는 1974년 개최된 로잔 세계 복음화 대회에서 많은 복음주의자들이 한동안 잃어버렸던 사회의식을 되찾은 점에 대해 깊이 감사한다.

그리스도인들이 세상에 대해 취할 수 있는 사회적 태도는 오직 두 가지다. 하나는 도피, 또 하나는 참여다. 전자는 거부하는 마음으로 세상으로부터 등을 돌리는 것이며, 후자는 동정하는 마음으로 세상 쪽으로 향하는 것이다. 전자는 세상에 대한 책임을 외면하는 것인데, 결국에 가서는 그 책임은 본디오 빌라도처럼 손을 씻는다고 해서 벗겨지는 것이 아님을 깨닫게 된다. 후자는 다른 사람들을 섬기느라 우리의 손을 더럽히고 아프게 하며 닳게 하는 것이다. 전자는 도움을 청하는 사람들의 괴로움에 찬 울부짖음에 마음을 닫는 것이며, 후자는 어려움에 처한 사람들을 위한 하나님의 사랑이 우리 마음 깊은 곳에서 요동침을 느끼는 것이다.

나는 너무도 많은 그리스도인들이, 그리고 너무도 많은 복음주의 그리스도인들이 무책임한 도피주의자들이었다고 말하기를 주저하지 않는다. 교회 내에서 지체와 교제하는 것이 바깥 세상의 적대적인 환경 가운데서 사는 것보다 훨씬 더 좋다. 물론 우리는 이따금씩 적진을 향해 복음 전도를 위한 기습 공격을 감행한다. 그것이 우리의 특기다. 그러나 그 적대적인 환경으로부터 다시 우리의 기독교적 아성(牙城)으로 철수하여 바깥과 연결된 다리를 끌어올리고는, 성 안으로 들어오고자 울부짖는 자들의 외침에 귀를 닫아 버린다. 예수님이 곧 재림하실지도 모르므로 사회 참여는 시간 낭비라고 말하는 사람들은 예전부터 있었다. 다른 말로, 집에 불이 났는데 가구를 재배치하고 커튼을 바꾸는 것이 무슨 의미가 있느냐는 것이다. 우리가 취할 수 있는 유일한 조치는 위험에 처한 사람들을 끄집어내는 것이다. 이렇듯 우리는 엉터리 신학으로 우리의 양심을 달래 보려고 노력한다. 나는 기도한다. 예나 지금이나 자신의 백성들에게 외치는 그분의 목소리, 그분이 행하신 것처럼 잃어버린 외로운 세상으로 나아가 세상을 섬기라고 부르시는 그분의 목소리를 우리가 들을 수 있기를…. 그리하여 그분처럼 살고 사랑하며 증거하고 섬기며 고난받고 죽을 수 있기를…. 이것이 선교가 의미하는 바다.

    선교란 그리스도를 증거하고 섬기도록 비기독교적 세계로 보냄 받은 자들이 인식하는 온전한 그리스도인의 생활양식이다. 그래도 여러분은 "왜?", "왜 내가 참여해야 하는가?"라고 말할지 모르겠다. 그래서 나는 다섯 가지 위대한 성경의 교리를 정리해 보고자 한다.

우리는 이 다섯 가지를 이론으로는 믿지만, 우리의 도피주의적 신학에 짜 맞추기 위하여 자르고 깎아 해석하는 경향이 있다. 나는 여러분이 이 성경적 교리들을 충분하게 이해하기를 간곡히 바란다. 이 교리들 가운데 우리를 확신시키기에 부족한 것은 단 하나도 없으며, 그 다섯 가지로 인해 우리는 변명의 여지가 없게 될 것이다.

하나님에 대한 좀더 나은 교리

"우리의 하나님은 너무 작다." J. B. 필립스(Phillips)가 처음으로 말한 이후 이 말은 종종 인용되어 왔다. 우리는 성경의 살아 계신 하나님이 여전히 전 인류에게 그리고 전 인류의 온전한 삶에 관심을 갖고 계시다는 것을 망각하는 경향이 있다. 그분은 삶의 복잡하고 다양한 모습에 관심을 갖고 계신다. 먼저 하나님에 대한 좀더 나은 교리를 둘로 나누어 살펴보자.

   1. 하나님은 언약의 하나님일 뿐 아니라 창조의 하나님이시다. 우리 그리스도인들은 구약에서 유대인들이 끊임없이 저질렀던 실수를 종종 범하는데, 그것은 하나님을 언약의 백성에 대한 하나님으로만 생각하는 것이다. 곧 그분은 우리의 하나님이시며 또 우리와 교회에는 관심을 가지시지만, 언약 밖의 사람들에게는 관심을 갖지 않으신다는 것이다. 물론, 우리와 마찬가지로 유대인들도 하나님이 세계의 여러 민족 가운데서 한 민족을 택하셨다는 것을 알고 있었다. 그분은 이렇게 말씀하신 바 있다. "나는 너희의 하나님

이 될 것이며, 너희는 내 백성이 될 것이다." 이것은 영광스러운 진리다. 그런데 언약이 성경의 주요 주제 중 하나인 것은 분명하지만 홀로 떨어져 있을 때에는 위험스러운 반쪽 진리이기도 하다. 이스라엘이 언약을 지나치게 강조했을 때, 그들은 살아 계신 하나님의 지위를 약화시켰다. 그들은 그분을 작은 한 종족의 신, 곧 하찮은 신으로 축소시켰다. 세상을 창조하시고 살아 계신 하나님이 그들에게는 모압의 신인 그모스나 암몬의 신인 밀곰과 마찬가지인 히브리인의 야훼일 뿐이었다.

나는 여러분에게 성경은 이스라엘이 아니라 열방으로부터, 아브라함이 아니라 아담으로부터, 언약이 아니라 창조로부터 시작한다는 것을 확언하고자 한다. 하나님은 이스라엘을 그분의 특별한 백성으로 택하셨을 때에도 다른 민족들에 대한 관심을 잃지 않으셨다. 우리가 구약성경에서 보는 바대로, 하나님이 이스라엘의 하나님이시라면, 또한 구스인(에티오피아인)들의 하나님이시기도 하다. 그분은 이스라엘을 애굽으로부터 나오게 하신 것처럼, 아람 족속도 길(Kir)로부터, 블레셋 족속도 갑돌(Crete)로부터 나오게 하셨다. 느부갓네살은 지극히 높으신 자가 인간 세상을 다스리신다는 것(단 4:32)을 배워야 했다. 하나님은 모든 나라를 지배하시며, 그들의 운명은 그분의 손 안에 있다. 다음과 같은 말씀에 귀기울여 보라. "여호와께서 하늘에서 굽어보사 모든 인생을 살피심이여. 곧 그가 거하시는 곳에서 세상의 모든 거민들을 굽어살피시는도다. 그는 그들 모두의 마음을 지으시며 그들이 하는 일을 굽어살피시는 이로

다"(시 33:13-15). 뿐만 아니라 하나님은 아브라함과 그의 자손을 택하여 복 주겠노라 약속하시면서, "땅의 모든 가족"에게 복을 내리실 것이다. 또 메시아 시대에는 모든 나라가 하나님이 거하시는 장소를 상징하는 예루살렘으로 몰려들 것이다. 그러므로 하나님은 언약의 하나님일 뿐 아니라 창조의 하나님이시다.

2. 하나님은 칭의의 하나님일 뿐 아니라 정의의 하나님이시다. 그분은 죄인들의 구세주이시다. 또한 은혜로우시고, 자비로우시며, 화내기를 더디하시고 매우 온유하시다. 그러나 우리의 하나님은 너무 왜소할 때가 많다. 우리가 그분을 너무 종교적으로 만들어, 하나님의 주된 관심은 교회 같은 종교적 건물, 예배나 기도 모임 같은 종교적 활동, 그리고 찬송가와 성경 같은 종교적 책들에만 있다고 생각하기 때문이다. 그러나 성경의 하나님은 종교에만 관심을 가지지 않으신다. 그분은 인간의 생활 전체, 곧 일과 결혼과 가정과 문화와 국가에 관심을 가지신다. 그런데 우리는 때때로 이러한 것들이 마치 세속적인 것인 양, 그리고 영적인 사람들과는 관련이 없는 것인 양 여긴다. 그러나 하나님은 그것들 모두에, 특히 사회 정의가 실현되어야 할 우리의 공공 생활에 관심을 가지신다.

시편 146:7-10을 함께 살펴보자. "억눌린 사람들을 위해 정의로 심판하시며 주린 자들에게 먹을 것을 주시는 이시로다. 여호와께서는 갇힌 자들에게 자유를 주시는도다. 여호와께서 맹인들의 눈을 여시며 여호와께서 비굴한 자들을 일으키시며 여호와께서 의인들을 사랑하시며 여호와께서 나그네들을 보호하시며 고아와

―――――

성경의 하나님은

종교에만 관심을 가지지 않으신다.

그분은 인간의 생활 전체,

곧 일과 결혼과 가정과 문화와

국가에 관심을 가지신다.

―――――

과부를 붙드시고 악인들의 길은 굽게 하시는도다. 시온아 여호와는 영원히 다스리시고 네 하나님은 대대로 통치하시리로다 할렐루야." 여기에 하나님이 정의에 대해 관심을 갖고 계신다는 점이 분명하게 나타나 있다. 그분은 언약 공동체 내에서 이루어야 할 정의, 즉 그분께 속한 우리는 의롭고 사회적으로 공의로운 삶을 살아야 한다는 정의에 관심을 가지실 뿐 아니라, 언약의 백성을 넘어 모든 인간 공동체 내에서 드러나야 할 정의에도 관심을 가지신다. 이것은 선지자 아모스의 예언에서도 매우 분명하게 드러난다. 아모스서의 처음 몇 장을 살펴보면, 아모스가 이스라엘과 유다(이들은 하나님과 언약을 맺은 백성이다)를 책망하기에 앞서 이스라엘과 유다 주위의 이방 국가들까지 책망하고 있음을 보게 된다. 아모스는 잔학무도한 수리아에 대해, 한 민족을 노예로 판 블레셋에 대해, 평화 조약을 파기한 두로에 대해, 이스라엘을 무자비하게 적대한 에돔에 대해, 전쟁에서 잔학한 행위를 한 암몬에 대해, 그리고 이웃 동족의 뼈를 모독한 모압에 대해 하나님의 심판을 선포했다. 창조의 하나님은 정의의 하나님이시기 때문에, 세계 모든 나라에서 일어나는 불의와 압제를 미워하시며 정의를 사랑하시고 도처에서 이를 촉진시키신다. 그러므로 하나님이 인간 공동체에 대한 정의에 관심을 가지신다면, 분명 그 백성도 그분의 관심사를 공유해야 한다.

인간에 대한 좀더 나은 교리

박애 정신과 인류애에 바탕을 둔 일 모두가 인간에 대한 우리의 평가에 따라 좌우된다. 모든 인간의 가치 및 존엄에 대한 우리의 이해 수준이 높으면 높을수록, 우리는 더욱더 그들을 섬기고자 한다. 그렇다면 세속적 인본주의자들이 인간의 복지에 헌신하는 이유는 무엇인가? 그들은 자신이 인간의 복지에 헌신하는 이유를 무엇이라고 생각하는가? 그들은 자신이 인간의 복지에 헌신한다는 이유 때문에 스스로를 인본주의자라고 부른다. 그들은 자신이 인간, 인간의 문제, 인간의 복지에 진력한다고 말한다. 때때로 세속적 인본주의자들은 우리 그리스도인들보다 인간에 대해 더 인도적이고 더 동정적인 것처럼 보인다. 그러나 그들에게 인간의 복지에 그렇게 관심을 가지는 이유가 무엇이냐고 물으면 그들은 대답하는 데 상당한 어려움을 느낀다.

"인본주의의 구조"(The Humanist Frame)라 불리는 거창한 논문이 있다. 그 논문에서 줄리안 헉슬리(Julian Huxley)는 인간이 인류에 봉사하는 유일한 이유는, 앞으로 무한히 긴 시대에 걸쳐 진화되면서 실현될 인간의 잠재력 때문이라고 주장했다. 즉 오늘날 인간을 섬길 가치가 있는 까닭은 앞으로 수백만 년 후에 인간이 진화해 있을 모습을 기대하기 때문이라는 것이다. 그러나 우리는 이러한 헉슬리의 주장이 오늘날 인간을 섬기는 근거로서는 형편없이 불충분하다는 데 동의한다. 진화가 우리의 일차적 관심이라면 우리가 왜 노인들이나 정신지체아들, 만성 환자들 또는 기형아들을 돌보아야 한단 말인가? 그들 때문에 진화의 과정이 방해받지 않도록, 그들을 애완견처럼 안락사시키는 것이 훨씬 나을 텐데 말이다. 연민에 찬 봉사가 아니라, 강제적인 단종(斷種)과 안락사가 인본주의적 전제로부터 나올 수 있는 논리적 추론일 뿐이다. 그러나 그들 대부분이 이러한 결론을 내리지 않는다는 사실은, 그들의 마음이 그들의 머리보다 낫다는 것을, 그리고 그들의 박애 정신이 그들의 철학보다 낫다는 것을 보여 준다.

그리스도인들은 헉슬리와는 다른 이유로, 즉 인간이 미래에 진화될 모습 때문이 아니라 창조에 의해 이미 지어진 모습 때문에 인간을 섬긴다. 인간은 하나님의 형상을 따라 지음받아 유일하게 하나님을 닮은 피조물이다. 우리는 사고하고, 도덕적으로 행동하며, 미적 즐거움을 누리고, 사랑하며, 사회 공동체를 이루고, 예배하며, 영적 경험을 누릴 능력을 지니고 있다. 이로 인해 우리는 하등 동물들과 완전히 분리된다. 물론 인간이 타락한 것은 사실이지만, 하나님의 형상을 모두 상실하지는 않았다. 성경은 인간이 그 형상은 왜곡되었지만 여전히 하나님의 형상을 지니고 있다고 말한다. 그리스도인에게 박애 정신을 고무시켜 주는 것은 바로 이것이다.

하나님을 닮은 인간은, 영원한 구원에만 관심을 가져야 하는 영적인 존재인 것만은 아니다. 또 먹고 입히고 치유하는 데만 관심을 가져야 하는 육체적인 존재인 것만도 아니다. 또한 그들이 속한 공동체의 복지에만 관심을 가져야 하는 사회적 존재에 그치는 것도 아니다. 그러면 인간이란 무엇인가? 인간은 사회 내에 있는 영적·육체적 존재다. 이것이 인간에 대한 성경적으로 올바른 정의다. 인간을 창조하셨을 때, 하나님은 우리를 육체적 존재이자 영적 존재로, 그리고 사회적 존재로 만드셨다. 그러므로 우리가 우리의 이웃을 사랑한다면, 우리는 그의 육체와 영혼, 그리고 그의 공동체의 복지에 관심을 가져야 한다. 하나님의 형상을 따라 지음받은 그들의 존엄성 때문이다.

　이런 이유로 초대 그리스도인들은 말씀을 전파하러 도처로 나아갔다. 복음만큼 인간을 인간답게 하는 것은 없기 때문이다. 훗날 그들은 학교와 병원 그리고 버림받은 자들을 위한 피난처를 세웠다. 노예제를 폐지하고 노예를 해방시켰다. 공장 근로자들과 죄수들의 생활 조건을 개선시켰다. 어린아이들이 서유럽에서 상업적으로 착취되지 못하도록, 동양의 사원에서 의식의 일환으로 벌어졌던 매음에 이용되지 못하도록 보호했다. 오늘날 나병으로 고생하는 자들에게 예수님의 긍휼은 물론 현대적 의술을 제공하는 이들 역시 바로 그리스도인들이다. 그들은 시각장애인들, 고아들 그리고 노인들을 돌본다. 마약 중독자들과 함께 지내며, 그들이 마약을 끊는 고통스러운 기간에 그들 곁에 머문다. 그리스도인들은 인종 차별과도 싸우며, 정치적·경제적 압제에도 저항한다. 그리스도인들은 도시 빈민굴의 상황에 참여하여 도시 빈민들을 돌보며, 많은 사람들에게 부여된 비인간적인 조건을 극복하고자 노력한다. 그들은 가난한 자들, 빼앗긴 자들, 굶주린 자들 그리고 혜택받지 못한 자

인간은 사회 내에 있는 영적·육체적 존재다.
이것이 인간에 대한 성경적으로 올바른 정의다.
인간을 창조하셨을 때, 하나님은 우리를
육체적 존재이자 영적 존재로
그리고 사회적 존재로 만드셨다. 그러므로 우리가
우리의 이웃을 사랑한다면, 우리는 그의 육체와 영혼,
그리고 그의 공동체의 복지에 관심을 가져야 한다.

들과 연대하여 이를 행하고 있다.

그리스도인들이 이렇게 하는 이유는 무엇인가? 답변은 매우 간단하다. 그것은 하나님의 형상에 따라 지음받은 인간, 곧 남성과 여성에 대한 교리 때문이다. 모든 남자와 여자 그리고 어린이들이 본질적인 가치를 지니고 있기 때문이며, 그러기에 그들은 섬김을 받아야 하고 착취당하지 않아야 한다. 인간이 하나님의 형상을 따라 지음받았기 때문에 양도할 수 없는 가치를 지니고 있음을 깨닫게 되면, 인간을 비인간화하는 것은 무엇이든 그로부터 인간을 해방시키는 데 헌신할 것이며, 또 인간이 더 인간답게 살 수 있도록 그들을 섬기는 것을 특권으로 여기게 될 것이다.

아마도 다음 이야기를 알고 있는 사람이 적지 않으리라 생각한다. 이 이야기는 「코끼리 사람」(The Elephant Man)이라는 책이 영화화된 이후 더 널리 알려지게 되었다. 프레드릭 트레브스 경(Sir Frederich Treves)은 빅토리아 시대 말엽 런던 병원에 근무하고 있던 유명한 외과 의사였다. 1885년 그는 병원 맞은편에 자리한 빈 야채 가게에서 훗날 코끼리 사람(the elephant-man)이라 알려진 한 생물체를 발견했다. 트레브스는 그를 '내가 본 사람 중 가장 혐오스럽게 생긴 기인'이라고 묘사했다. 이마와 윗턱에 불쑥 튀어나온 뼈와 더불어, 엄청나게 일그러진 모양의 머리로 인해 그의 외모는 코끼리를 연상시켰다. 버섯 또는 갈색의 양배추와 같이 푸석푸석하고 악취 나는 피부가 그의 등, 가슴, 머리 뒤편 그리고 오른팔에 자루처럼 늘어져 있었다. 다리는 불구였고, 발에는 구근이 있었으며, 고관절염에 걸려 있었다. 표정 없는 얼굴로 침을 튀기며 말하는데 거의 알아들을 수가 없었다. 그러나 왼팔과 손은 여자처럼 섬세하고 맵시가 있었다. 이러한 그의 고통을 더해 주듯 그는 동물처럼 취급받았다. 그는 이 시장 저 시장, 이 서커스 저 서커스로 팔려 다니며 호기심 많은 사람들에게 2펜스씩에 전시되었다. 프레드릭 트레브스 경은 이렇게 썼다. "사람들은 그를 나병환자인 양 피해 다녔으며 야생동물같이 재웠다. 또 그가 세상을 보는 유일한 길은 서커스 단장의 마차에 나 있는 구멍을 통해서였다." 그는 개만도 못한 대우를 받았으며, 뚫어져라 쳐다보는 사람들의 눈총이 무서워 어두컴컴한 구석으로 기어 들어가곤 했다.

그러나 트레브스는 그가 인간이라는 것을 발견했다. 그는 존 메릭(John Merrich)이라는 이름을 가진 21세의 남성이었다. 그는 높은 지능을 가졌으며, 예리한 감성과 낭만적인 상상력을 지니고 있었다. 이 불쌍한 사람이 서커스 단장에게 버림받았을 때, 트레브스는 그에게 런던 병원 뒤편의 방을 마련해 주었고 그를 돌봐 주었다. 그는 그곳에서 3년 6개월 정도 살다가 잠이 든 가운데 숨을 거두었다.

처음으로 한 여성이 존 메릭을 방문하여 그에게 웃음을 띠며 인사하고 악수하면서 인간적인 존엄성을 갖고 대했을 때, 그는 주체할 수 없이 흐느끼며 울었다. 그리고 바로 그날부터 변화되기 시작했다. 그는 당시 웨일즈의 공주였던 알렉산드라 여왕(Queen Alexandra)을 포함한 많은 저명인사들의 방문을 받았다. 그리고 점차 사냥감에서 사람으로 변화됐다고 트레브스는 말했다. 사실, 그는 처음부터 사람이었다. 하나님의 형상을 따라 지음받은 인간인 것이다. 존 메릭으로 하여금 그 형편없이 일그러진 머리를 들어 올리게 하여 어느 정도 자존감을 얻게 만든 것은, 바로 프레드릭 트레브스의 인간 생명에 대한 남다른 존중이었다. 이처럼 우리는 인간에 대한 더 나은 교리가 필요하다. 그리고 우리에게 코끼리 사람을 돌볼 수 있게 하는 것은 오직 이 교리뿐이다.

그리스도에 대한 좀더 나은 교리

세상에는 수많은 예수가 있다. 유사 이래로 예수에 대한 이미지 역시 수없이 많았다. 예수를 재해석하고 재구성하려는 시도들도 많이 있었지만, 대부분은 확실한 근거가 없었다. 몇 가지 예로, 4세기 경 콘스탄티누스의 뒤를 이었으며 그리스도인이 아니라 배교자였던 율리아누스 황제는 예수를 '창백한 갈릴리인'이라 언급했다. 그는 예수의 약함 때문에 예수를 경멸했다. 다음으로는, 19세기 빅토리아 여왕 시대의 영국에 자유분방한 신사 예수가 있었다. 오늘날 연극에는, 노래하고 춤추는 광대 예수가 있으며, 뮤지컬 "지저스 크라이스트 슈퍼스타"(Jesus Christ Superstar)에서 예수는 꿈을 잃은 사람이다. 라틴 아메리카에는 예수를 1세기의 체 게바라(번쩍이는 두 눈에 검은 턱수염을 하고, 제도를 폭력으로 타도하는 데 생을 바친 라틴 아메리카의 유명한 혁명 전사)라고 생각하는 사람이 많다.

이처럼 세상 여기저기에 너무나 많은 예수가 존재하는데, 우리는 어떤 예수를 믿는가? 나는 성경적 그리스도, 즉 무엇보다도 가난한 자들, 혜택받지 못한 자들, 세리와 죄인들, 굶주린 자들과 버림받은 자들을 헌신적으로 사랑하셨던 예수를 옹호하고자 한다. 특히, 우리가 이른바 성탄의 그리스도, 즉 성육신하시고 실제로 우리 세상에 들어오셔서 우리의 육신과 피와 인간성을 취하신 그리스도에 대한 인식을 회복할 것을 호소한다.

나는 우리 복음주의자들이 속죄에 지나치게 집중해서 때로 성육신을 소홀히 해 왔다고 생각한다. 예수님이 하늘의 안전한 곳에 머무신 것이 아니라, 자신의 영광을 스스로 비우시고 섬기기 위해 낮아지셨다는 것을 기억할 필요가 있다. 그는 하찮고 약하고 상처 입기 쉬운 모습으로 오셨다. 그는 우리의 고통과 소외 가운데로 들어오셨으며, 우리가 받는 유혹들을 몸소 받으셨다. 그는 하나님 나라를 선포하셨을 뿐만 아니라, 병자를 치료하시고 주린 자를 먹이시고, 죄지은 자를 용서하시고, 버림받은 자들을 친구로 삼으시고, 죽은 자를 일으키심으로써 그 나라를 나타내셨다. 그는 자신이 섬김을 받으러 온 것이 아니라 섬기러, 또 많은 자들을 위해 자기 목숨을 내주러 오셨다고 말씀하셨다. 그는 엄청난 불의의 희생물이 되셨으며, 손과 발에 못이 박혔을 때도 "아버지, 저 사람들을 용서하여 주옵소서. 그들은 자기들이 무슨 일을 하는지 알지 못하옵니다"라고 계속 기도하셨다. 어두움 가운데서, 그는 "나의 하나님, 나의 하나님 어찌하여 나를 버리셨습니까?"라고 외치셨다. 하늘의 상상할 수 없는 영광으로부터 지옥의 상상할 수 없는 공포로 뛰어

드신 것이다. 이것이 신약성경이 증거하는 진정한 예수, 즉 우리의 고통과 슬픔과 죄와 사망 가운데서 우리와 동일시된 분이시다. 이제 그분은 우리에게 "아버지께서 나를 세상에 보내신 것같이 나도 너희를 세상에 보내노라"고 말씀하신다.

우리는 그리스도인으로서 선교할 때 예수 그리스도의 선교를 본받아야 한다. 예수님이 복음 전도와 사회적 책임을 결합하셨기 때문에, 우리도 그렇게 해야 한다. 우리는 예수님의 사역 가운데 말과 행위 그리고 복음 전파와 연민에 찬 봉사가 함께 했다는 사실을 충분히 고려해 왔는가? 그의 행위는 말씀을 표현했으며, 그의 말씀은 행위를 설명했다. 이것은 우리에게도 마찬가지여야 한다. 우리는 예수님이 결합하셨던 것을 분리하지 말아야 한다. 행위가 없는 말씀은 신뢰성이 부족하다. 그러나 말씀이 없는 행위는 명료성이 부족하다. 우리가 선포하는 메시지대로 행하지 않는다면, 사람들은 그 메시지를 이해할 수 없을 것이다. 그러나 우리가 우리의 행동을 설명하지 않는다면 사람들은 우리의 행동을 이해할 수 없을 것이다. 말씀은 추상적이므로, 구체적인 사랑의 행위로 구현될 필요가 있다. 또한 행위는 모호하므로, 복음 선포에 의해 해석될 필요가 있다. 말씀과 행위가 예수님의 사역 가운데서 하나였다면, 오늘날의 교회 사역에서도 하나여야 한다. 이렇듯 예수님은, 우리가 큰 대가를 치르고 섬겨야 할 사람들과 우리 자신을 동일화하도록 부르신다.

예를 하나 들어 보겠다. 남미 지역에 레오니다스 프로아네오(Leonidas Proaneo)라는 로마 가톨릭 주교가 있었다. 이 사람에 대해

선 들어 본 사람이 거의 없을 것이다. 그는 에콰도르의 수도인 키토에서 남방으로 160킬로미터가량 떨어진 리오 밤바 교구의 주교였다. 성경에 바탕을 둔 생각을 갖고 있던 프로아네오 주교는 사회 정의에 깊은 관심을 가지고 있었으며, 특별히 인디언들의 문화가 보존되기를 원했다. 그는 마르크스주의자들이 관심을 기울이는 것들 중 일부에 공감하기는 했지만 마르크스주의자는 아니었다. 하지만 국가와 교회 제도 양 체제에 비판적이었고, 봉건 제도와 부유한 지주들의 세력에 반대했다. 그래서 그를 암살하려는 시도가 여러 번 있었다. 이 이야기를 처음 듣고, 나는 나를 암살하려고 시도하는 사람이 아무도 없는 것은 내가 그럴 만한 가치가 없는 존재이기 때문이라고 슬프게 자책했던 것이 기억난다. 나는 때때로 우리를 암살하려는 시도가 우리가 진정한 신앙을 가지고 있는지 시험하는 좋은 잣대가 아닌지 생각해 본다. 참된 기독교는 사회를 위협하는 것이다. 그들이 예수를 없애려 했고 또 사도들을 없애기 원했던 것처럼, 우리도 없애고자 하는 것이 이해할 만하다고 말할 정도가 되어야 한다. 그러나 우리의 신앙은 너무도 자주 진정성을 잃기 때문에, 사회로 하여금 우리를 없애야겠다고 결심하게 할 만큼 사회를 귀찮게 하지는 않는다.

프로아네오 주교를 암살하려는 시도는 여러 번 있었다. 1973년 칠레의 좌파 성향의 대통령 아옌데(Allende)가 죽은 후 프로아네오 주교는 에콰도르의 수도 키토에서 미사를 집전하면서 몇몇 마르크스주의 학생들에게 강론했다. 그는 예수를 급진주의자, 기존 제도의 비판자, 가난한 자들을 사랑하는 자, 복음을 선포하셨을 뿐 아니라 연민에 찬 봉사를 행하셨던 억눌린 자들의 투사로 묘사했다. 미사 후에 질문 시간이 있었고, 몇몇 학생들이 그에게 다음과 같이 중요한 말을 했다. 내가 여러분에게 말하려고 하는 대목은 바로 이것이다. "우리가 진작 이런 예수를 알았더라면 결코 마르크스주의자가 되지는 않았을 것입니다." 나는 우리가 가짜 예수를 선포하는 까닭에 일부 학생들 및 청년들이 칼 마르크스의 품으로 이끌리고 있는 것은 아닌가 생각해 본다. 우리의 연민은 어디에 있는가? 가난한 자들과 억눌린 자들에 대해 우리 그리스도인들보다 마르크스주의 학생들이 더 많은 연민을 가지고 있지는 않은가? 우리는 그리스도에 대해 좀더 나은 교리가 필요하다.

구원에 대한 좀더 나은 교리

우리 가운데, 구원이라는 말을 하찮게 만들려는 경향이 꾸준히 있어 왔다. 때때로 우리는 구원이 우리의 죄에 대한 용서를 의미할 뿐이라고 생각하며, 밤에는 베개 밑에 천국행 개인 여권을 갖고 있다고 꿈꾼다. 다른 말로 표현해, 우리는 구원을 사사로운 것으로 만든다. "구원은 나의 영광이 될 것이다"라며 우리는 그것을 개인화한다. 우리는 구원의 사회적 의미를 고려하지 않는다. 우리는 한시 바삐 구원을 개인화로부터 건져 내고, 그것에 관한 온전한 성경적 교리, 즉 죄의 용서뿐 아니라 우리가 온전한 그리스도인이 될 때까지 그리스도의 형상으로 우리가 전적으로 변혁되는 것과 관련된 교리를 회복해야 한다. 특히 우리는 성경이 함께 묶은 것을 분리하지 말아야 한다.

  1. 우리는 구원자와 주님을 분리해서는 안 된다. 일부 사람들은 그렇게 하려는 경향이 있다. 그들은 예수님을 구원자로 받아들이고 나서 몇 년 후에 주님으로서 그에게 복종할 수도 있다고 말한다. 그러나 신약성경을 보면, 그와 같은 가르침은 옹호될 수 없다. 하나님은 예수를 자신의 우편에 앉게 하셨으며 그를 주로 높이셨다. 그가 사람들을 구원하실 수 있는 까닭은 그가 하나님 우편에 앉을 수 있는 지위에 계시며, 그 지위에서 나오는 집행권과 권능을 가지신 주이기 때문이다. 회개하고 믿는 자들에게 그가 구원을 베푸시고 성령을 주시는 것은, 그가 주로 자리하고 계시는 하나님 우편의 능력에서 나온다. 따라서 우리가 그를 주님으로서 인정할 때에만 비로소 그를 구원자로 영접할 수 있다. 예수의 주되심과 구원을 분리하는 것은 불가능하다. 실로, 예수가 주라는 것과 예수가 구원자라는 주장은 상호 대체가 가능하다. 그의 주되심은 우리 생활의 모든 부분, 즉 종교적인 부분뿐만 아니라 이른바 세속적 생활, 가정, 직업 생활 그리고 공동체적 책임으로까지 확장된다. 구원자와 주 예수를 결코 분리하지 말라.

  2. 우리는 사랑과 믿음을 분리해서는 안 된다. 복음주의 그리스도인들은 언제나 믿음을 강조해 왔다. 우리는 신자다. 나는 오히려 우리가 사랑하는 자로 알려졌으면 한다. "오직 믿음으로"(*Sola fide*)

는 16세기 종교개혁의 표어였는데, 옳은 주장이다. 칭의, 곧 하나님 앞에 받아들여짐은 우리의 어떤 가치 있는 행위나 종교적 준수에 의한 것이 아니다. 하나님은 오직 그리스도의 죽음을 기초로 하여, 오직 그의 은혜에 의해서 그리고 오직 믿음을 통해서 우리를 받아주신다. 우리는 16세기의 종교개혁자들만큼 강하게 그것을 믿는다. 칭의는 오직 믿음에 의해서 이루어지지만, 그 믿음은 홀로 설 수 없다. 선행으로 나타나야 한다. 그렇지 않으면 거짓임이 증명된다. 이것이 야고보의 가르침이다. 그러나 또한 바울의 가르침이기도 하다. 바울은 갈라디아서 5:6에서 "사랑으로 행하는 믿음"에 대해서 기록하고 있으며, 데살로니가전서 1:3에서는 "믿음의 행위"에 대해 말하고 있다. 참된 믿음은 역사하며, 사랑의 선행 가운데 나타난다. 또 갈라디아서 5:13에서는 "사랑으로 서로 종 노릇하라"고 말한다. 믿음은 사랑으로 작동하여 사랑으로 섬긴다는 이러한 연결에 대해 생각해 본 적이 있는가? 그러므로 참된 믿음은 사랑 가운데 나타나며, 참된 사랑은 봉사 가운데 나타난다. 이처럼 믿음이 구원에 필수적이긴 하지만, 사랑을 희생하면서까지 믿음을 확대 해석하지 않도록 주의하라. 믿음과 은혜의 위대한 사도인 바울조차 고린도전서 13장 첫머리에서 "산을 옮길 만한 모든 믿음이 있을지라도 사랑이 없으면 내가 아무것도 아니요"라고 말한 것을 기억하라. 그는 사랑이 없는 믿음은 아무것도 아니며, 또 믿음이 사랑의 행위를 낳지 않으면 그것은 엉터리라고 말한다. 그러므로 구원하는 믿음과 섬기는 사랑은 함께하며, 하나가 없으면 다른 하나도 없는 것이다. 그 어느 것도 홀로 존립할 수 없다.

교회에 대한 좀더 나은 교리
_____

여러분은 교회를 어떻게 생각하는가? 많은 사람이 교회를 일종의 동아리 모임, 즉 구성원들의 공동 관심이 골프 대신 하나님이라는 것을 제외하고는 골프 동아리 모임과 똑같은 그리스도인 동아리 모임으로 생각한다. 그들에게 교회란 함께 종교적인 일을 하는 종교적인 사람들로 구성된 모임이다. 여러분이 교회를 하나의 동아리 모임으로 생각하게 되면, 여러분은 동아리 회원의 특권에만 집중하고 "교회는 세상에서 유일하게, 비회원들의 이익을 위해 존재하는 단체"라는 윌리엄 템플(William Temple)의 훌륭한 격언을 망각하게 된다. 다른 모든 단체들은 구성원들의 이익을 위해 존재하며, 구성원의 특권에 관심을 집중한다. 그러나 교회는 그렇지 않다. 우리는 서로에게 책임을 진다. 그러나 우리의 주된 책임은 하나님을 경배하는 것에 있으며 또 세상 가운데서 봉사하고 증거하는 데 있다. 우리는 교회를 그러한 견지에서 생각하는 것이 필요하다.

예수님은 그의 백성이 이 땅의 소금과 빛이라고 말씀하셨다. 그러한 비유들은 사회가 썩어 가는 것을 방지하기 위해 교회가 주어야 하는 영향을 가리킨다. 빛이 어두움을 비추듯이, 교회는 세상 가운데서 예수 그리스도의 빛을 비추어야 한다. 그리고 교회의 이러한 보존적 기능과 계몽적 기능은 교회가 지고 있는 책임의 두 가지 핵심적 부분이다. 우리 주위의 사회가 악화되어 가는 것을 볼 때, 우리 그리스도인들은 보통 자기 의에서 나온 혐오감을 갖고 어깨를 으쓱하며, 주위 세상 가운데서 폭력, 거짓, 탐욕, 풍요 그리고 음란물을 목격하고 그것들을 비판한다. 우리는 자기 의에 차서 "세상을 보라"고 말한다. 그러나 세상이 잘못되어 간다면 그것은 누구의 잘못인가? 고기가 썩어 갈 경우, 고기를 탓하는 것은 아무 의미가 없다. 박테리아가 번식하도록 내버려 두면 저절로 그렇게 된다. 문제는 소금이 어디에 있느냐에 있다. 집이 어두울 경우 밤을 탓하는 것은 아무 의미가 없다. 해가 지면 저절로 그렇게 된다. 그리고 사회가 부패해 갈 경우 사회를 탓하는 것은 아무 의미가 없다. 사회를 그대로 방치하면 사회는 저절로 그렇게 된다. 문제는 "교회가 어디에 있느냐"에 있다. 사회가 부패해 간다면 그것은 우리의 책임이다. 우리는 교회에 대한 더 나은 교리가 필요하다. 그것은 교회가 세상 가운데 있고, 세상이란 교회가 봉사하고 증거하도록 부름받은 영역이라는 것이다. 나는 끝으로 이 점을 우리의 삶에 실제적으로 적용시키는 것과 관련하여 네 가지 사항을 말하고자 한다.

    1. 일반적인 견지에서 모든 그리스도인은 복음 전도와 사회 활동 둘 다로 부름받았다. 그리스도인은 증거하도록 부름받았으며, 또한 섬기도록 부름받았다. 우리 각자는 주 예수를 따르는 자다. 그런데 주 예수께서는 '훌륭한 신앙 고백'을 증거하셨을 뿐만 아니라 "나는 섬기는 자로 너희 가운데 있노라"고 말씀하셨다. 이처럼 그는 증인이셨으며 또한 종이셨다. 따라서 우리가 그를 따르는 자

사회가 부패해 갈 경우 사회를 탓하는 것은
아무 의미가 없다.
사회를 그대로 방치하면 사회는 저절로 그렇게 된다.
문제는 "교회가 어디에 있느냐"에 있다.
사회가 부패해 간다면 그것은 우리의 책임이다.

라면, 증인이자 또한 종이 되어야 한다. 어떤 그리스도인도 이 의무 가운데 어느 하나도 회피할 수 없다. '디아코니아'(*diakonia*, 섬김)와 '마르투리아'(*marturia*, 증거)는 분리될 수 없는 쌍생아다. 예수님처럼 우리도 이 두 가지 모두에 헌신해야 한다.

2. 그럼에도 불구하고 그리스도인들은 각자 다른 전문 사역으로 부름받았다. 어떤 사람은 사회 봉사와 의료, 또는 다른 돌보는 직업들 중의 하나에 전문적으로 종사하도록 부름받는다. 또 다른 이들은 가사로 부름받는다. 또 다른 이들은 목회 사역으로 부름받는다. 우리는 서로 다른 전문 사역으로 부름받는다. 이것이야말로 더할 나위 없이 옳다. 양극화와 전문화는 별개의 문제다. 우리는 복음 전도와 사회 활동을 양극화하지 않아야 한다. 이 두 가지 모두 그리스도인과 교회의 책임이다. 그러나 우리는 어떤 일에 전문적으로 종사하도록 부름받는다.

3. 긴급한 경우에 우리는 이 두 가지에 대한 우리의 일반적인 책임을 기억해야 한다. 선한 사마리아인의 비유에서, 제사장과 레위인은 "우리는 종교적인 사람이 되도록 부름받았다. 우리는 사회적 양심을 갖도록 부름받지 않았다. 그러므로 우리는 얻어맞고 누워 있는 이 가련한 사람에 대한 책임이 없다"고 말함으로써, 강도 만난 자에 대한 자신들의 수치스러운 무관심을 변명할 수 없다. 이와 같이 긴급한 경우에는, 자신의 전문 사역 분야가 아니더라도 봉사해야 할 책임이 있다. 우리는 이와 반대의 경우에도 동일하게 말할 수 있다. 즉, 사회 봉사 또는 의료에 부름받은 사람이 복음을 증

거할 수 있는 기회를 맞이했을 때, "나는 의사가 되도록 부름받았다. 복음을 증거하는 것은 내 책임이 아니다"라고 말할 수 없다. 그렇다. 모든 그리스도인은 증인이자 종이다. 그리고 우리의 전공이 무엇이든지 간에 긴급한 경우에 기회가 올 때, 우리는 이 두 가지 모두를 행해야 할 책임이 있다.

4. 지역교회는 이러한 다양한 사역이 함께 모이는 자리다. 지역교회는 특별한 지역 또는 지구에서 그리스도의 몸을 이루는 모임이다. 교회 안에는 다양한 은사, 다양한 소명 그리고 다양한 사역을 가진 구성원들이 있다. 그리고 목사들은 동일하거나 유사한 은사와 사역을 가진 지역교회의 구성원들이, 특정한 관심을 가진 자들의 모임을 결성하여 연합하도록 격려해야 한다. 예를 들면 복음 전도의 책임을 지닌 그룹, 사회 봉사의 책임(병자들과 노인들을 돌보는 것)을 지닌 그룹, 또한 지역에 살고 있는 소수 인종들에게 관심을 갖는 그룹, 공중 예절과 음란물에 관심을 가진 그룹, 정신 지체아들을 위한 교육 프로그램에 관심을 가진 그룹 등이 그런 모임들이 될 수 있다. 지역교회의 그리스도인들이 전문가 그룹으로 연합하도록 하자. 그러나 교회가 모든 그룹에 동등한 관심을 갖고 그들이 전체 교회로 돌아와 보고할 기회를 갖도록 해야 한다. 그러면 전체 교회의 사역은 신약 시대의 사역만큼 깊이를 갖게 될 것이며, 아름답고도 건강해질 것이다.

이제 결론을 내리고자 한다. 나는 여러분에게 다섯 가지 기초적인 기독교 교리들을 제시했다. 이 모두가 세상에 대해 우리가 지닌 책임과 관계가 있으며, 또 우리는 그 각각의 교리, 즉 하나님, 인간, 그리스도, 구원 그리고 교회에 대한 교리를 성경적으로 완전하게 견지할 필요가 있다. 나는 개신교인이긴 하지만, 괜찮다면 로마 가톨릭 교회에 대해 또 하나의 언급을 함으로써 이야기를 마치고자 한다. 이는 로마 가톨릭 미사에 관한 흥미로운 이야기다. 미사(Mass)라는 말은 로마 가톨릭 미사에서 드리는 기도문의 마지막 구절인 'item mussa est'에서 유래되었다. 그것을 점잖은 말로 번역한다면 "이제 해산합니다"가 되겠지만, 통속적인 말로 옮기면 "이제 나가시오"가 된다. 여러분은 경배드리기 위해 함께 모였다. 이제 나가라. 하나님이 창조하신 세상으로 나가라. 하나님과 닮은 인간들이 살고 있는 세상으로 나가라. 그리스도께서 오셨고 고통받으셨고 죽으셨던 세상으로 나가라. 구원을 삶 속에서 드러내고 봉사하기 위해 부름받은 세상으로 나가라.

실은 그리스도인들이 수련회로 함께 모이는 것은 매우 위험하다. 여러분은 우리가 그렇게 따스한 교제를 즐기기 위해 함께 모일 때 위험이 따른다는 생각을 해 본 적이 있는가? 수련회에서 우리는 세상과 세상의 필요로부터 격리된다. 우리가 밖으로 나간다는 전제조건이 있다면, 모이는 것이 옳다. 오고 가는 것, 모이고 흩어지는 것이 그리스도인의 생활의 리듬이다. 여러분도 알다시피, 교회는 주일에 예배드리고 주중에는 증거하는 곳이다. 이것이 우리의 리듬이다. 우리가 힘을 얻어 증거하고 섬기기 위해 세상에 나갈 때에만, 한자리로 모이는 것이 타당할 것이다.

제4장 윤리
세상과 구별되는 삶

———

"예수님은 우리를 더 큰 의인 마음의 의로 부르신다.
원수까지도 포함하는 더 넓은 사랑으로 우리를 부르신다.
하나님의 통치와 의인 더 고상한 야망으로 부르신다."

———

그리스도인은 비기독교적 세상과는 구별되는 도덕적·윤리적 기준을 가지고 있다. 대부분의 사람들은 구별되는 것을 좋아하지 않는다. 오히려 남들과 똑같아지는 것을 좋아한다. 물론, 주변에 자신을 홍보하는 사람들이 있는 것은 사실이다. 그들은 다른 사람의 주의를 끌고 자신을 선전하기에 급급하다. 그러나 대부분의 사람들은 눈에 띄는 것을 좋아하지 않는다. 우리는 군중이라는 익명성을 더 좋아한다. 다른 사람과 구별되지 않고 적당히 묻혀 살 수 있는 문화적 배경의 동질성을 더 좋아한다. 우리는 그러한 동질성 가운데 안전함을 느끼며, 이런 이유로 우리 가운데 이질적인 사람이 있으면 불쾌감을 느낀다.

동물들에게는 무리 속의 다른 일원을 공격하는 경향이 있다. 새들은 자기와 다르거나 이상한 깃털을 가진 종(種)은 쫓아내 버린다. 이런 점에서는 인간도 다소 비슷하다. 우리는 비슷하지 않은 사람들을 좋아하지 않는다. 유사함은 인간의 특징이다. 따라서 우리가 하나님의 명령들을 지키기란 쉽지 않다. 왜냐하면 그분은 우리를 구별된 삶으로 부르시기 때문이다. 로마서 12:2에서는 우리에게 이 세대를 본받지 말라고 명령한다. 즉, 우리는 마음을 새롭게 함으로 변화를 받아야 한다. 그것은 구별되라는 부르심이다.

성경 전체에 걸쳐, 또는 적어도 창세기 12장부터 끝까지 줄곧 흐르고 있는 주제가 바로 이것이다. 창세기 12장 첫머리에서 하나님은 아브라함을 부르셨다. 4000년 전 또는 그 이전에, 하나님은 아브라함에게 그의 집을 떠남으로써 우상 숭배에서 벗어나라고 명하셨다. 그리고 이제 그가 유업으로 받게 될 땅에서 살아 계신 참된 하나님을 경배하라고 부르셨다. 하나님은 아브라함에게 이렇게 말씀하셨다. "나는 너의 하나님이 될 것이며 너와 네 후손은 나의 백성이 될 것이다." 그리고 나서 하나님은 그들이 모든 사람과 구별되게 하기 위하여 그들과 언약을 맺으셨다. 구약은 이 하나님의 거룩한 백성에 대한 이야기다. 만일 여러분이 '거룩한'이라는 말을 좋아하지 않는다면, '구별된'이라는 말을 사용하면 된다. 왜냐하면 '거룩한'이라는 말이 바로 '구별된'을 의미하기 때문이다..

하나님의 거룩한 백성이 된다는 것은 나머지 인류와 구별되어 하나님의 고유한 백성이 된다는 뜻이다. 하나님이 율법의 일부로서 모세에게 말씀하신 레위기 초반부(18:1-5), 즉 "너희는…내가 너희를 인도할 가나안 땅의 풍속과 규례도 행하지 말고 너희는 내 법도를 따르며 내 규례를 지켜 그대로 행하라. 나는 너희의 하나님 여호와이니라"를 처음 깨달았을 때 나는 상당히 큰 충격을 받았다. 이 명령은 매우 강한 어조를 띠고 있다. "너희는 너희 주위에 있는 사람들이 행하는 모든 것을 행하지 말라." 즉 우리는 고유해야 하며 하나님의 거룩한 백성이 되어야 한다는 말이다.

산상수훈에서도 예수님은 우리에게 구별되라고 명하신다. 나는 이제 여러분을 산상수훈으로 안내하여 예수님의 메시지 가운데 정수를 추출해 보고자 한다. 산상수훈의 지배적 사상은 마태복음 6장과 8장에 드러나 있다. 여기에는 다섯 단어가 있는데, 그 각각은 단음절로 이루어져 있어서 말하기가 매우 간단하고 이해하기도 쉽다. 그러나 이와 동시에 우리 그리스도인의 삶과 관련해서는 심원한 의미를 지니고 있다. "그들을 본받지 말라." 이 말은 레위기 18장에 있는 "너희는 너희가 거주하던 애굽 땅의 풍속을 따르지 말며 내가 너희를 인도할 가나안 땅의 풍속과 규례도 행하지 말고"와 같은 말이다. 예수님도 이와 똑같은 말씀, 곧 "그들을 본받지 말라"고 하신다. 우리는 우리와 다른 유의 사람들, 즉 이방인들과 종교인들에 둘러싸여 있다. 그러나 그들을 본받아서는 안 된다. 우리는 그들과 달라야 한다.

소금과 빛

팔복은 예수님을 따르는 자들의 고유성, 좀더 정확하게는 윤리적 고유성을 매우 자세히 묘사하고 있다. 그러나 팔복은 너무도 잘 알려져 있기 때문에 여기서는 소금과 빛의 비유를 다루어 보고자 한다. 마태복음 5:13-16은 이렇게 기록하고 있다. "너희는 세상의 소금이니 소금이 만일 그 맛을 잃으면 무엇으로 짜게 하리요. 후에는 아무 쓸 데 없어 다만 밖에 버려져 사람에게 밟힐 뿐이니라. 너희는 세상의 빛이라. 산 위에 있는 동네가 숨겨지지 못할 것이요. 사람이 등불을 켜서 말 아래에 두지 아니하고 등경 위에 두나니 이러므로 집 안 모든 사람에게 비치느니라. 이같이 너희 빛이 사람 앞에 비치게 하여 그들로 너희 착한 행실을 보고 하늘에 계신 너희 아버지께 영광을 돌리게 하라."

우리는 소금과 빛의 비유를 잘 알고 있다. 소금과 빛은 예나 지금이나 보편적인 일용품이다. 예수님 당시 팔레스틴에서는 이 물품들이 모든 가정에서 매일 사용되었다. 예수님은 나사렛에서 소년 시절을 보낸 이래로 이것들에 대해 잘 알고 계셨다. 그는 종종 자신의 어머니 마리아가 부엌에서 소금을 사용하는 것을 보셨을 것이다. 당시에는 냉장고가 없었기 때문이다. 소금의 주요 기능은 보존제 및 방부제로, 사람들은 고기가 상하는 것을 방지하기 위하여 고기를 소금에 절였다. 예수님은 어머니가 부엌에서 고기를 소금에 절이는 것을 보셨다. 그래서 예수님은 자신을 따르는 자들로 하여금 사회에 미치게 하기 원하셨던 영향 또는 충격을 설명하시기 위하여 소금과 빛이라는 두 가지 비유를 사용하신다. 예수님이 이야기하고 계셨던 대상은 12명에 불과했다. 하지만 그들은 세상의 소금이 되어야 했고, 세상의 빛이 되어야 했다. 예수님을 따르는 성령 충만한 소수의 힘에 대해 예수님이 얼마만한 확신을 가지셨는지는 놀라울 정도다. 우리의 조국이나 대학에서 소수라도 마음을 다하여 예수님을 따르고 있다면, 우리는 그 사회의 소금 또는 그 공동체의 빛이 될 수 있다. 소금과 빛의 비유로부터 우리는 다음과 같은 세 가지 중요한 교훈들을 배울 수 있다.

　1. 그리스도인들과 비그리스도인들 사이에는 근본적인 차이가 있다. 소금과 빛의 비유는 그리스도인 공동체와 비그리스도인 공동체를 분리시킨다. 이 두 공동체는 상호 대조적으로 존립한다. 한편에는 세상이 있다. 이 공동체는 어두운 밤, 죄의 밤, 악의 밤, 비극

의 밤, 슬픔의 밤, 소외의 밤과 같다. 우리는 어두운 세상에서 빛이 되어야 한다. 게다가 세상은 썩어 가는 고기와 같은 곳이다. 우리는 세상과 구별되어 세상의 소금이 되어야 한다. 그리스도인과 세상은 하늘과 땅처럼 다르다. 예수님은 그리스도인과 세상이 빛과 어두움처럼, 소금과 부패한 고기처럼 다르다고 말씀하셨다. 소금과 빛의 비유는 그리스도인들과 비그리스도인들 사이에 근본적인 차이가 있음을 가르쳐 준다.

2. 그러나 이 두 비유는 그리스도인들이 비기독교적 세상과 비그리스도인 공동체에 침투해 들어가야 한다고 가르친다. 여러분의 빛을 어두움 가운데 비추어야 한다. 등잔을 침대 밑이나 물통 안에 감추어 두는 사람은 없을 것이다. 우리는 등잔을 당연히 등잔대 위에 올려놓는다. 빛을 두는 목적은 집안을 밝히기 위한 것이기 때문이다. 이렇듯 우리는 빛을 비추어야 한다. 마찬가지로, 소금의 목적은 고기에 뿌려져 고기가 부패되는 것을 저지하거나, 적어도 늦추는 것이다. 소금이 창고에만 처박혀 있다면 아무 쓸모가 없다. 이처럼 우리는 사회를 절여야 한다. 우리는 고상하고 작은 교회라는 창고에만 머물 것이 아니라 비기독교적 사회에 침투해야 한다.

소금의 효과는 소극적이다. 즉, 부패를 방지하는 것이다. 빛의 효과는 적극적이다. 즉, 어두움을 비추는 것이다. 부패를 방지하는 소금의 효과는 우리의 사회적 책임을 특히나 강조하는 것으로 보인다. 사회가 점점 타락해 가는 것을 막는 소금처럼 말이다. 반면에 어두움을 비추는 빛의 효과는 예수님의 빛을 퍼뜨리는 우리의 복음 전도라는 책임을 강조하는 것으로 생각된다. 예수님이 우리를 보내신 공동체로 침투해 들어가지 않는다면, 우리는 그리스도인으로서 사회적 책임이나 복음 전도 가운데 그 무엇도 감당할 수 없다. 그러므로 첫째, 그리스도인 공동체와 비그리스도인 공동체 사이에는 근본적인 차이가 있다. 그리고 둘째, 그리스도인 공동체는 비그리스도인 공동체에 침투해 들어가야 한다.

3. 그리스도인들이 비그리스도인 공동체에 침투해 들어갈 때는, 자신의 고유성을 잃지 말아야 한다. 고유성을 잃으면서까지 침투해 들어가는 것은, 고유성을 간직만 하고 침투하지 않는 것만큼이나 무가치하다. 소금은 고기에 침투해 들어가야 한다. 그러나 이 때 그 짠 맛을 잃어서는 안 된다. 짜지 않은 소금은 아무짝에도 쓸모가 없다. 심지어는 퇴비더미에 던져 버릴 수조차 없게 된다. 그런 소금은 발에 짓밟혀 길을 만들기 위한 재료가 되는 것 외에는 아무 역할도 할 수가 없다. 그리고 소금이 그 짠 맛을 간직해야 하는 것과 마찬가지로, 빛 또한 그 밝음을 간직해야 한다. 그리고 밝게 빛나야 한다. 그렇지 않으면 아무런 유익이 없다. 우리 그리스도인들이 비그리스도인 공동체에 침투해 들어가고자 할 때, 그리스도인으로서의 고유성을 보유한 채로 침투해야 한다. 침투는 동화와 같은 말이 아니다. 우리는 그들과 동화되지 않고 닮지 않으면서도 그들에게 침투해 들어가야 한다. 우리는 우리의 윤리적 고유성을 유지해야 한다. 우리는 우리 자신의 정체성(identity)을 상실하지 않으면서 우리를 필요로 하는 사람들과 동일화되어야(identified) 한다.

정체성을 상실하지 않는 동일화가 이러한 비유들이 함축하고 있는 메시지의 핵심이다. 그러므로 그리스도를 위해 세상에 들어갈 때, 비그리스도인들과 친구가 되고자 할 때, 비기독교적 사회에 침투해 들어갈 때, 우리는 우리의 기독교적 확신들, 우리의 기독교적 윤리 기준들, 우리의 기독교적 가치 체계를 상실하지 말아야 한다. 그리스도를 위해 세상으로 들어가고자 할 때, 우리는 이 기준들을 유지해야 한다.

그리스도인들을 고유하게 만드는 것은 무엇인가? 빛의 밝음이란 무엇인가? 소금의 짠 맛이란 무엇인가? 나는 산상수훈의 나머지 부분을 통해 다음과 같은 네 가지 답변을 하고자 한다.

예수님은 우리를 좀더 큰 의로 부르신다
이 의(義)는 비기독교적 세상의 의보다, 심지어는 타종교의 의보다 더 크다. 마태복음 5:20에서 예수님은 이렇게 말씀하신다. "내가 너희에게 이르노니 너희 의가 서기관과 바리새인보다 더 낫지 못하면 결코 천국에 들어가지 못하리라." 예수님의 이런 말씀을 들었을 때 제자들이 얼마나 놀랐을지는 어렵지 않게 짐작할 수 있다. 제자들은 분명 예수님이 미쳤다고 생각했을 것이다. 왜냐하면 당시 서기관들과 바리새인들은 이 세상에서 가장 의로운 사람들이었기 때문이다. 그들은 구약성경을 연구했다. 그들은 하나님의 계명들을 암기하고 있었다. 그들은 구약에 248개의 명령들과 365개의 금지 사항, 즉 모두 합해 613개의 하나님의 법령이 있다는 것을 계산

해 냈다. 그리고 그들은 그 명령 가운데 많은 것을 지켰다고 주장했다. 그런데 이제 예수님은 우리 의가 그들의 의보다 더 크지 못하면, 하나님 나라에서 위대해지기는커녕 하나님 나라에 들어갈 수조차 없다고 말씀하신다. 제자들은 이렇게 대답했을 것이다. "예수님, 지금 무슨 말씀을 하고 계신 겁니까? 혹시 어떻게 되신 것 아닙니까? 어떻게 서기관들과 바리새인들보다 더 의로울 수가 있다는 겁니까? 그들은 율법의 의로는 흠잡을 데가 없는 이들입니다." 그렇다면 예수님이 뜻하신 바는 무엇인가?

예수님이 뜻하신 바는 그리스도인의 의가 바리새인의 의보다 더 크다는 것이다. 왜냐하면 이 의가 더 심원하기 때문이다. 그리스도인의 의는 마음의 의, 사고와 동기의 내적인 의다. 이미 예수님은 팔복에서 이것을 말씀하신 바 있다. "심령이 가난한 자는 복이 있나니 천국이 그들의 것임이요." 서기관들과 바리새인들은 외적인 의로는 순결했다. 그들은 외적으로, 즉 말과 행위로는 613개의 명령들을 지켰을지도 모른다. 그러나 마음의 청결에 대해서는 거의 아무것도 알지 못했다. 우리는 지금까지 내적인 통합성, 즉 그리스도인으로서의 온전함에 대해서 토론해 오고 있다. 그런데 예수님의 의로운 요구에 비춰 볼 때, 우리는 거듭나지 않고서는 결코 의로워질 수 없다. 기독교적 삶은 우리 자신의 노력으로 산상수훈에 복종하기 위해 투쟁하는 것이 아니다. 그것은 불가능하다. 우리는 마음을 변화시키거나, 마음을 청결하게 하거나, 마음의 의를 계발할 수 없다. 우리는 새로운 마음이 필요하다. 예수님은 "속에서, 곧 사람의 마음에서 나오는 것은 악한 생각, 곧 음란과 도둑질과 살인과 간음과 탐욕과 악독과 속임과 음탕과 질투와 비방과 교만과 우매함이니"(막 7:21-22)라고 말씀하셨다. 이러한 것들은 사람의 악한 마음으로부터 나온다. 그렇다면 우리가 어떻게 마음으로 의롭게 될 수 있단 말인가? 그것은 오직 거듭남으로써만 가능하다. 그리고 산상수훈 전체가 이 거듭남을 전제로 한다는 것은 두말 할 나위도 없다. 이것은 새로 태어난 자의 새로운 의다. 거듭남이 없이는 새로운 삶은 물론 새로운 의도 있을 수 없다. 이 모든 것은 예수님의 가르침에 암시되어 있다.

마태복음 5장 끝에는 6개의 이른바 대구 또는 대조 구절이 있는데, 그것들 각각은 다음과 같은 공식으로 되어 있다. "…하였다는 것을 너희가 들었으나, 나는 너희에게 이르노니…." 그러면 이들 여섯 가지 가운데 처음 두 가지를 잠시 살펴보겠다. 하나는 살인을 금한 것이고 다른 하나는 간음에 관한 것이다. 십계명은 매우 분명하게 "너희는 살인하지 말라", "너희는 간음하지 말라"고 말한다. 그리고 바리새인들은 이렇게 말했다. "좋소. 우리는 그 둘 중 어느 계명도 범하고 있지 않소." 그렇다. 그들은 외적인 의로는 그중 어느 것도 범하고 있지 않았다. 그들은 살인자가 아니었다. 그들은 간음을 하지도 않았다. 그러나 예수님은 정당하지 못한 화는 살인과 같으며, 음란한 마음을 품고 여자를 보는 것과 음란한 생각은 하나님께는 간음과 마찬가지라고 말씀하셨다. 그분이 의미하신 바는 22절에서 분명히 나타난다. "형제에게 노하는 자마다('이유 없이'라는 구절이 있든 없든 그 의미는 분명하다) 심판을 받게 되고." 27-28절에서는 "또 간음하지 말라 하였다는 것을 너희가 들었으나 나는 너희에게 이르노니 음욕을 품고 여자를 보는 자마다 마음에 이미 간음하였느니라"고 하시며 또다시 마음에 대한 언급을 하신다. 예수님의 의는 마음의 의다. 그리고 그분은, 이 내적인 화가 살인이라는 형태로 드러나지 않을지라도, 우리가 마음으로부터 화를 내서는 안 된다는 데 관심을 표명하신다. 또 그분은 우리 마음의 탐욕적인 생각들이 간음 행위로 표출되지 않는다 할지라도, 그것들에 관심을 표명하신다. 우리는 "그러나 누가 이러한 것들을 하기에 충분합니까?"라고 물어야 한다. 우리는 거듭나야 한다. 우리는 성령의 충만함을, 그리고 예수 그리스도가 지배하시는 자들에게만 가능한 지속적인 내적 정화를 추구해야 한다. 그리스도인의 의는 마음의 의다. 이 의에는 하나님 한 분 외에는 아무도 보지 못하는 깊고 비밀스러운 장소들이 포함되어 있다. 이 장소들은 또한 주 예수 그리스도께 굴복해야 할 마지막 요새이기도 하다. 그분은 우리를 더 큰 의로 부르신다.

예수님은 우리를 좀더 넓은 사랑으로 부르신다

모든 사람을 받아들이는 사랑. 사랑의 범위는 이처럼 매우 넓다. 여기에서 우리는 대구의 마지막인 마태복음 5:43, "네 이웃을 사랑하고 네 원수를 미워하라 하였다는 것을 너희는 들었다"를 살펴보고자 한다. 이 말은 구약 율법을 매우 그릇되게 인용한 것이다. 왜

우리는 성령의 충만함을,
그리고 예수 그리스도가 지배하시는 자들에게만
가능한 지속적인 내적 정화를 추구해야 한다.
그리스도인의 의는 마음의 의다.
이 의에는 하나님 한 분 외에는 아무도 보지 못하는
깊고 비밀스러운 장소들이 포함되어 있다.
이 장소들은 또한 주 그리스도께
굴복해야 할 마지막 요새이기도 하다.

냐하면 구약성경을 아무리 찾아보아도 이런 명령을 발견할 수 없기 때문이다. 원래는 "네 이웃 사랑하기를 네 자신과 같이 사랑하라"(레 19:18)고 되어 있다.

바리새인들은 그 명령을 자신들의 궤변적인 방법으로 해석하여, "내가 사랑해야 하는 이웃은 누구인가?"라고 물었다. 그리고 그 질문에 편협한 답변을 했다. 너무나 편협한 나머지 그들이 율법을 복종하는 데는 아무런 어려움이 없을 정도였다. 그들은 "물론, 나의 이웃은 나와 같은 유대인이다. 따라서 율법에 의하면 이방인은 미워해도 된다"고 주장했다. 그리하여 자신의 저급한 도덕 기준에 적합하도록 하나님의 말씀을 왜곡시켰다. 그들은 자신들의 민족적 편견과 증오를 정당화하기 위하여 하나님의 명령을 교묘하게 조작했다. 오늘날에도 그런 사람들이 있기는 마찬가지다. 그런데 예수님은 모세의 율법에 대한 서기관들의 그릇된 해석들에 단호하게 반대하셨다. 예수님은 구약성경의 "네 이웃을 사랑하라"는 명령에는 동료 유대인뿐 아니라 원수도 포함된다고 말씀하셨다. 그리고 이 진리를 선한 사마리아인의 비유에서 설명하셨다.

선한 사마리아인 비유의 요점은 무엇인가? 우리가 사랑한다면 어려움에 처한 사람들을 섬겨야 한다는 것이 아니다. 유대인들이 결코 꿈도 꾸어 보지 못했던 것을 사마리아인이 강도 만난 자에게 행했다는 것이다. 사마리아인이 일종의 문화적 장벽을 넘어선 봉사를 행했다는 것이다. 이것이 예수님이 강조하셨던 점이다. 우리의 이웃은 인종적·종교적 배경과는 상관없이 어려움에 처한 사람들이다. 어떤 사람이 어려움에 처해 있다면 우리는 문화, 종족, 국가, 종교 또는 그 무엇과도 상관없이 그를 섬기도록 부름받는다. 그리하여 예수님은 계속해서 44절에서 "나는 너희에게 이르노니 너희 원수를 사랑하며 너희를 박해하는 자를 위하여 기도하라"고 말씀하신다. 이것이 우리가 우리 이웃을 사랑해야 한다는 율법의 요구에 대한 참된 해석이다. 이것이 예수님의 더 높은 요구다. 이 명령에 순종할 때에만 우리는 자신이 하나님의 진정한 자녀라는 것을 증명할 수 있다. "이같이 한즉 하늘에 계신 너희 아버지의 아들이 되리니"(45절).

하나님의 사랑은 무차별적이다. "아버지께서는 악한 사람에게나 선한 사람에게나 똑같이 해를 비추어 주시고 의로운 사람에게나 불의한 사람에게나 똑같이 비를 내려 주신다." 하나님의 사랑의 범위는 보편적이며, 우리의 사랑은 이 세상의 것과 같지 않고 하나님의 사랑과 같아야 한다. 그래서 예수님은 계속해서 46절에서 "너희가 너희를 사랑하는 자를 사랑하면 무슨 상이 있으리요. 세리(그 경멸받는 세리들)도 이같이 아니하느냐"라고 말씀하신다. 누가복음에 있는 산상수훈의 표현에 따르면, "죄인들도 사랑하는 자는 사랑하느니라…죄인들도…죄인에게 꾸어 주느니라"(눅 6:32-34).

사랑은 그리스도인 공동체에만 있는 것이 아니다. 예수님이 여기에서 분명하게 말씀하신 대로 그리스도인 공동체 밖에도 사랑은 있다. 곧, 죄인들도 사랑할 수 있는 것이다. 결코 거듭난 적이 없는 자들도 사랑할 수 있다. 한 소년이 한 소녀를 사랑할 수 있다. 한 소녀가 한 소년을 사랑할 수 있다. 부모가 자녀를, 자녀가 부모를 사랑할 수 있다. 남편이 아내를, 아내가 남편을 사랑할 수 있다. 친구들이 서로 사랑할 수 있다. 이것이 세상의 방식, 즉 상호적 사랑이다. 상대방이 나에게 잘해 주면, 나도 상대방에게 잘해 준다. 상대방이 내게 친절을 베풀면, 나도 상대방에게 친절을 베푼다. 이것이 세상이 도달할 수 있는 최고의 것이다. 그러나 이것은 하나님 나라에 합당할 만큼 충분하지는 않다. 만약 우리가 우리를 사랑하는 사람만을 사랑한다면, 예수님의 말씀에 비춰 볼 때 다른 사람들보다 더 나은 것이 하나도 없다. "남보다 더하는 것이 무엇이냐"(47절)는 말씀처럼 죄인들도 죄인을 사랑한다. 그들은 끼리끼리 사랑한다. 그러나 우리는 우리를 미워하는 자들은 물론, 우리의 원수까지도 사랑해야 한다. 세상이 아니라 하나님을 본받아야 한다. 그래야 하나님의 자녀가 된다. "그러므로 하늘에 계신 너희 아버지의 온전하심과 같이 너희도 온전하라"(48절). 물론 이 문맥이 의미하는 것은 사랑의 완전성이다. 누가는 이를 "너희 아버지의 자비로우심 같이 너희도 자비로운 자가 되라"(눅 6:36)고 말했다. 누가는 원수까지 포함하는 하나님 사랑의 폭 넓고 완전한 범위를 말한다.

이제 나는 나 자신에게처럼 여러분에게도 다음과 같은 질문을 던지고자 한다. 우리는 예수님의 이러한 기준을 받아들였는가? 나는 많은 교회가 항상 사랑의 공동체는 아니라는 사실을 인정해야 한다고 생각한다. 때로 우리는 마음에 원한을 품고, 마음속에서 악의와 질투가 자라게끔 내버려 둔다. 우리는 우리에게 해를 입힌 사람을 용서하기를 거부한다. 심지어는 마음속 깊은 곳에서 복수하려고까지 한다. 그러나 예수님은 우리에게 "나는 너희에게 이르노니, 너희 원수를 사랑하라"고 말씀하신다. 원수란 칼이나 총을 들고 당신을 쫓는 사람이다. 당신의 이름을 제거하고 당신의 평판을 나쁘게 하려는 사람이 원수다. 당신을 미워하고 당신을 삼키고 짓누르려고 작정한 사람이다. 그러나 우리는 그들을 사랑해야 한다. 알다시피 그리스도의 이름으로 그들의 유익을 추구해야 한다. 우리가 원한을 품고 복수하고자 한다면, 우리는 빛을 비추지 못할 것이며, 우리의 소금은 그 짠 맛을 잃어버리고 말 것이다. 그러면 그리스도인의 윤리의 고유성은 남아나지 못한다. 우리는 그저 우리 주위에 있는 세상과 같아지고 만다. 우리는 우리의 원수를 사랑하고, 우리를 박해하는 자들을 위해 기도해야 한다. 예배드릴 때 더욱 이렇게 행하기를 바란다. 나는 중동 지역을 여행할 때, 아랍인과 유대인 회중에게 다음과 같이 말한 적이 있다. "여러분이 이스라엘의 그리스도인이라면, 주일에 아랍인들을 위해 기도합니까? 여러분이 아랍의 그리스도인이라면, 이스라엘인들을 위해 기도합니까?" 우리는 사회주의 국가들을 위해 기도하는가? 우리를 박해하고 우리를 미워하는 자들을 위해 기도하고, 그들에게 선을 행할 수 있는 모든 기회를 추구하라는 예수님의 명령에 복종해야 한다.

    이제 앞의 이야기들을 요약해 보겠다. 마귀의 방법은 선을 악으로 갚는 것이다. 세상의 방법은 선일 경우에만 선으로 갚는 것이다. 그러나 그리스도의 방법은 악을 선으로 갚는 것이다.

예수님은 우리를 좀더 깊은 경건으로 부르신다

이 점은 예수님이 종교 또는 경건에 대해, 특히 종교인들의 세 가지 일반적인 관례인 구제, 기도, 금식에 대해 말씀하셨던 마태복음 6:1-18에서 밝히 드러난다. 이와 같은 관례들은 그리스도인이든 비그리스도인이든 이슬람교도든 힌두교도든 불교도든 간에, 종교인이라고 주장하는 모든 사람에 의해 거의 세계 전역에서 행해진다. 우리가 살고 있는 이 세상은 온통 종교적이다. 거의 모든 사람들이 가끔씩은 기도하며, 가난한 자들에게 나누어 주며, 금식까지 하기도 한다. 문제는 우리가 무엇을 하는가가 아니라, 어떻게 하는가다. 예수님은 자신을 따르는 사람들이 이러한 세 가지 관례들에서 다른 모든 사람들과 마찬가지일 것이라고 생각하신다. 그의 추종자들 역시 기도하고, 자선하며, 금식한다. 관례에서는 별 차이가 없는 것이다. 차이가 있다면 관례를 수행하는 것, 즉 관례를 행하는 방식에 있다.

세 가지 관례 중 하나인 기도에 대해 살펴보자. 예수님은 두 개의 집단, 즉 종교적인 집단과 비종교적인 집단, 바리새인들과 이방인들을 비난하셨다. 이 두 집단 모두 기도를 한다. 그러나 그들 중 어느 집단과도 같지 않아야 한다고 예수님은 말씀하신다. 바리새인들은 위선적이었다. 그들은 노출증 환자들이었다. 그들은 하나님과 교제하기 위하여(이것이야말로 기도의 목적이다) 기도하지 않았다. 그들은 사람들에게 보이고 칭찬받기 위하여 기도했다. 그들은 신성한 목적이 아니라 인간적이고 이기적인 목적에 맞추어 기도를 왜곡시킴으로써 기도를 파괴했다. 그들은 기도를 종교적인 몸짓으로 바꾸었다. 여러분은 위선자라는 뜻을 지닌 헬라어 '히포크리테스'(hypokritēs)가 연극 배우, 즉 무대에서 실제의 자신이 아닌 다른 사람인 양 가장하는 사람을 의미한다는 것을 알고 있을 것이다. 위선은 종교적인 연기이자 허식이다. 실제로는 하나님께 나아가지 않으면서, 기도할 때는 하나님께 나아가는 양 가장하는 것이다. 너희는 사람들의 박수에 귀를 기울이고 있는 그들과 같이 되지 말라고 예수님은 말씀하신다.

그다음으로 예수님은 이방인에 대해 말씀하신다. 그들 역시 기도한다. 그러나 그들의 기도는 기계적이다. 그들은 공허한 구절을 남발할 뿐이기 때문이다(6:7). 그들은 말을 많이 해야 기도가 상달될 것이라고 가정하면서, 끊임없이 중언부언한다. 또는 기도의 양이 중요하다고 생각하면서, 계속해서 기도의 바퀴를 돌려 댄다. 이것을 헬라어로는 '바톨로게오'(battologeō)라고 한다. 이 단어는 의성어로서, 말더듬이였던 바투스(Battus) 왕과 관련된 것 같다. 혹은 또 다른 의성어인 '바바리안'(barbarian, 야만인)에 더 가까울 수도 있다. 왜냐하면 헬라인의 귀에는 외국인들이 말하는 것이 '바-바-바-바' 같이 들렸기 때문이다. 헬라인들은 그들의 말을 이해할 수 없었다. 그래서 그들을 '야만인들'(barbarians)이라고 불렀다. '바톨로게오'란 말도 동일한 의미로, 그저 우물거리는 말들이라는 뜻이다. 그것은 마음은 담지 않은 채 입으로만 하는 기도 형태를 의미한다.

예수님은 기도할 때 기계적이지 말아야 한다고, 즉 바리새인들과 같이 위선적이지도, 이방인들과 같이 기계적이지도 말고, 하늘에 계신 아버지께 나아오는 어린아이들과 같이 진실해야 한다고 말씀하셨다. "너는 기도할 때에 네 골방에 들어가 문을 닫고"(6절), 즉 사람들이 지켜보며 칭찬하기를 바라지 말고, 은밀한 장소에 계시는 하나님께 기도하라. 거기에서 하나님께 가까이 다가갈 때, 하나님은 여러분에게 가까이 오실 것이다. 여러분은 하늘에 계신 아버지와, 자녀로서 달콤한 교제를 하게 될 것이다.

개인 기도가 기도의 유일한 형태는 아니다. 예수님이 계속하여 9절에서 "그러므로 너희는 이렇게 기도하라. 하늘에 계신 우리 아버지여"라고 복수형으로 말씀하셨을 때 분명히 드러난 것처럼, 장소에 따라서는 공적인 기도도 해야 한다. "우리 아버지여"라는 말은 혼자 기도할 때는 사용하지 않는다. 따라서 집단적 기도도 해야 한다. 우리는 어린아이처럼 그분께 나아가 "아버지, 우리 아버지, 하늘에 계신 사랑하는 아버지여, 이름이 거룩히 여김을 받으시오며, 나라이 임하옵시며, 뜻이 하늘에서 이룬 것같이 땅에서도 이루어지이다. 오늘날 우리에게 일용할 양식을 주옵시고, 우리가 우리에게 죄 지은 자를 사하여 준 것같이 우리 죄를 사하여 주옵시고, 우리를 시험에 들게 하지 마옵시고 다만 악에서 구하옵소서"라고 말한다. 이 여섯 가지 간구 안에 예배와 기도의 전 범위가 망라되어 있다.

우리는 예배할 때 하나님의 이름과 나라와 뜻에 몰두한다. 그다음에 하나님께 우리의 필요들, 곧 육체적 필요, 우리의 일용할 양식, 영적 필요, 죄 사함, 악으로부터의 구출을 아뢴다. 이것이야말로 삼위일체적 기도라고 말할 수 있을 것이다. 왜냐하면 우리에게 일용할 양식을 주시는 분은 바로 창조주 하나님이시고, 대속적 죽음으로 죄를 사해 주시는 분은 성자 하나님이시며, 내주하시는 권능으로 우리를 사탄과 악의 권세로부터 자유롭게 하시는 이는 바로 성령 하나님이시기 때문이다. 주기도문의 포괄성은 놀라울 정도이며, 우리는 어린아이처럼 하늘에 계신 아버지께 나아가 그분의 영광과 우리 자신의 필요에 대한 우리의 관심을 말한다. 하나님은 우리를 더 깊은 헌신으로, 아버지께 나아오는 어린아이처럼 위선적이지도 않고 기계적이지도 않은 오직 참된 헌신으로 부르신다.

예수님은 우리를 좀더 고상한 야망으로 부르신다

모든 인간은 야심적이다. 이것은 모든 사람이 종교적인 것과 마찬가지다. 야심적이라는 것은 어떤 일에 성공하고 싶어 하거나 생을 걸고 무언가를 하고자 하는 것이다. 아무리 작은 소년이라 할지라도 야심이 있기 때문에, 어른이 되면 카우보이가 되거나 비행기 조종사 또는 더 나아가 우주 비행사가 되겠다는 꿈을 가진다. 그리고 우리 어른들 또한 야망을 갖고 있다. 우리는 부자나 유명인, 또는 권력가가 되고자 한다. 예수님은 두 가지 야망을 대조시킨다. "이는 다 이방인들이 구하는 것이라"(6:32). 그런즉 너희는 먼저 그의 나라와 그의 의를 구하라(6:33). 우리의 야망이란 우리 앞에 최고의 선으로 두고서 거기에 우리의 삶을 다 바쳐 헌신하는 무엇이다. 우리가 사는 동안 무엇을 성취하고자 하는가? 우리는 무엇에 헌신하고 있는가? 우리의 목표는 무엇인가?

예수님은 결국 두 가지 가능성이 있을 뿐이라고 말씀하신다. 하나는 자신과 자신의 물질적 안락에 관심을 갖는 것이고(이것은 부와 권력과 명성에 대한 우리의 갈망을 설명해 준다) 다른 하나는 하나님 그리고 세상에 대한 하나님의 의로운 통치, 하나님 나라 및 그분의 의에 관심을 가지는 것이다. 그래서 예수님은 이 두 가지를 서로 대립시킨다. 먼저 그는 이방인들에 대해 말씀하신다. 그들은 언제나 "무엇을 마실까, 무엇을 먹을까, 무엇을 입을까?" 하고 묻는다. 그들은 육신과 물질적 안락에만 관심을 가진다. 그러나 그것은 인간이 진력할 목표로는 절망적일 정도로 부적합하다.

그렇다고 이를 오해하지는 말라. 그리스도인들은 육체를 경멸하지 않는다. 어떤 점에서 기독교는 매우 물질적인 종교다. 우리는 창조된 물질적 질서를 믿는다. 우리는 육체의 부활과 우주의 쇄신을 믿는다. 우리는 성찬시 빵과 포도주를 나누며, 세례시 물을 사용한다. 이렇듯 기독교는 매우 물질적인 종교다. 더불어, 예수님은 주기도문에서 우리가 가장 먼저 간구해야 할 것은 "우리에게 일용할 양식을 주옵시고"라고 말씀하셨다. 우리는 육체를 소유하고 있다. 따라서 우리는 신체적 부양이 필요하다. 초대 교부 가운데 일부는 예수님이 우리의 육체적 필요를 첫 번째로 놓으신 것을 전혀 이해하지 못했다. 예를 들어, 아우구스티누스는 주기도문에서 "우리에게 일용할 양식을 주옵시고"라는 구절은 하나님의 말씀이라는 눈에 보이지 않는 양식을 언급한다고 말했다. 이에 대해 칼뱅은 상식에 의거하여 "말도 안 되는 소리"라고 응수했다. 우리의 일용할 양식은 말 그대로 육체를 위한 음식이다. 그것은 우리의 물질적인 필수품이다.

따라서 예수님이 "무엇을 먹을까, 무엇을 마실까, 무엇을 입을까 염려하지 말라"고 말씀하신다고 해서, 육체를 경멸하고 계신 것은 아니다. 그분은 단지 우리에게 우선순위를 바르게 하라고 말씀하고 계신 것이다. 그리고 주기도문은 "아버지여 이름이 거룩히 여김을 받으시오며, 나라이 임하옵시며, 뜻이 하늘에서 이룬 것같이 땅에서도 이루어지이다"라고 시작한다. 그러나 여러분도 알다시피, 물질적 필요는 그다음에 나온다. 즉 물질적 필요를 간과해서도 안 되지만, 우리의 생각을 집중해서 기도해야 할 최우선순위는 하나님과 그분의 나라, 하나님의 이름과 뜻이어야 한다는 것이다.

이 물질적인 야망이 매우 많은 사람들을 소모시키고 있다는 사실에 동의하는가? 나의 저서 「예수님의 산상 설교」(생명의말씀사 역간)에 쓴 한 예를 들어 볼까 한다. 몇 해 전에 나는 "액센트"(Accent; 완전한 명칭은 Accent on Good Living, '훌륭한 생활에 대한 강조'라는 뜻)라는 그럴듯한 잡지의 증정본을 받은 적이 있다. 나는 강조할 만한 훌륭한 생활이 무엇인가 하고 흥미를 갖고 찾아 보았다. 잡지를 넘기자 샴페인, 담배, 음식, 의복, 고대풍의 가구 그리고 카페트를 선전하는 매혹적인 광고들이 이어졌다. 로마에서의 비밀스런 주말 쇼핑에 대한 이야기가 있었으며, 부엌에 컴퓨터를 장치하는 방법, 호화스런 대형 요트나 122병 들이 스카치 위스키 상자를 손에 넣는 방법 등에 관한 글들이 있었으며, 1,500만 여성들이 화장품을 선택할 때 실수하지 않는 방법에 관한 것으로 일개 남성이 보기에도 매혹적인 글이 있었다. 그리고 비록 나는 그 잡지를 신청하지 않았기 때문에 읽지는 못했지만 다음 달 호에는 카리브 해안에서의 여름 휴가, 따스한 고급 내의 그리고 순록 고기와 스노베리의 즐거움에 관한 매혹적인 글들을 선보이겠노라고 약속하였다. 그 잡지는 처음부터 끝까지 모두 육체에 대한 것이었다. 육체를 먹이는 법, 육체를 상쾌하게 하는 법, 육체를 원활하게 하는 법, 육체에서 달콤한 냄새가 나게 하는 법 등등. 여러분은 이것이 인간이 추구하기에 가치 있는 야망이어서 우리가 육체적 복지에 몰두해야 한다고 생각하는가?

거듭 당부하거니와 나를 오해하지는 말라. 성경에는 굶주린 자를 먹이고, 인간의 육체적 필요에 관심을 가지라는 명령이 상당히 많다. 다만 이것은 여러분의 삶을, 여러분 자신을, 여러분의 몸을 바칠 만큼 적합한 야망이 아니라는 것이다. 대신에 우리는 우리 자신이 아닌 하나님께, 그리고 우리의 물질적 복지보다는 하나님의 의로운 통치에 관심을 가져야 한다. 33절은 "먼저 구하라"고 말한다. 즉, 세상에서의 하나님의 통치와 의를 여러분의 삶을 헌신할 최고의 것으로 삼으라고 말하는 것이다. 그러므로 나는 더 많은 그리스도인들이 야심적이 되었으면 한다. 올바른 야망이라면 야망 자체에는 잘못된 것이 하나도 없다. 그러나 우리 자신을 위해서라기보다는 하나님을 위해 야심적이 되라. 의사라면 의료에 성공하기 위하여 야심적이 되라. 그러나 예수 그리스도를 위해, 하나님 나라를 위해, 하나님의 의를 위해, 의료계의 사다리를 오르라. 그것이 궁극적으로 여러분이 관심을 가져야 할 것이며 더 고상한 야망이다.

이제 결론을 내리겠다. 수세기 전에 제자들을 향한 예수님의 부르심이 있었던 것처럼, 여기 오늘날의 우리를 향한 그분의 부르심이 있다. "너희는 그들과 같이 되지 말라." 우리는 우리 주위의 세상과 달라야 한다. 그는 우리를 더 큰 의인 마음의 의로 부르신다. 원수까지도 포함하는 더 넓은 사랑으로 우리를 부르신다. 하나님과의 참된 교제인 더 깊은 경건으로 부르신다. 하나님의 통치와 의인 더 고상한 야망으로 부르신다. 예수님은 세상의 방법과 자신의 방법을 대조하여 말씀하신다. 그분은 집 짓는 두 사람의 비유로 산상수훈을 끝맺으신다. 한 사람은 반석 위에 집을 지어 생애의 폭풍과 심판 날의 폭풍을 잘 견디어 냈지만, 다른 한 사람은 모래 위에 집을 지어 역경과 심판의 폭풍이 몰아쳤을 때 돌이킬 수 없을 정도로 몰락해 버렸다. 그러면 반석 위의 집과 모래 위의 집의 차이는 무엇인가? 그것은 우리가 예수님의 가르침을 듣고 거기에 복종했느냐 아니면 예수님의 가르침을 듣고도 불복종했느냐 하는 것이다. "너희가 나의 가르침을 듣고 그것에 불복종한다면 너희는 모래 위에 집을 지은 어리석은 사람이다. 그런 사람은 살아남지 못한다. 너희가 나의 가르침을 듣고 거기에 복종한다면, 너희는 너희의 삶의 집을 반석 위에 지은 지혜로운 사람이다. 역경이나 심판 날조차도 그 집을 무너뜨리지 못한다."

이와 같이 예수님은 우리에게 선택하라고 촉구하신다. 우리는 그는 우리를 더 큰 의인 마음의 의로 부르신다.

원수까지도 포함하는

더 넓은 사랑으로 우리를 부르신다.

하나님과의 참된 교제인 더 깊은 경건으로 부르신다.

하나님의 통치와 의인

더 고상한 야망으로 부르신다.

이 선택을 회피할 수 없다. "한 사람이 두 주인을 섬기지 못할 것이니 혹 이를 미워하고 저를 사랑하거나 혹 이를 중히 여기고 저를 경히 여김이라. 너희가 하나님과 재물을 겸하여 섬기지 못하느니라"(마 6:24). 우리는 하나님과 다른 무엇을 함께 섬길 수 없다. 우리는 하나님과 다른 우상을 공유할 수는 없다. 그분은 우리에게 배타적인 충성을 요구하신다. 하나님을 최우선으로 놓고 그분의 더 높은 기준을 받아들일 때에만, 우리의 소금이 짠 맛을 보존하고 우리의 빛이 밝음을 보존하며, 또 우리가 세상 가운데서 증거하고 영향력을 행사할 수 있게 된다. 그러나 무엇보다 먼저 좁은 길, 그리스도의 길을 선택해야 한다. 그러므로 나는 여러분에게 이렇게 간구하고자 한다. 여러분의 안전을 위한 타협을 포기하라. 마지못해 포기하는 마음에서 돌아서라. 예수 그리스도를 여러분의 삶에서 최우선의 자리에 놓으라. 그분을 여러분의 주로 삼으라. 그분의 기준을 따르라. 그러면 여러분의 소금이 짠 맛을 낼 것이며, 여러분의 빛이 비췰 것이다. 그리고 비그리스도인들이 우리의 "착한 행실을 보고 하늘에 계신 너희 아버지께 영광을 돌릴"(마 5:16) 것이다.

제5장 선교

세계를 품은 그리스도인

―――――

"구약의 하나님은 선교의 하나님이시고 복음서의 그리스도는
선교의 그리스도이시며 사도행전의 성령은 선교의 성령이시다."

―――――

"열한 제자가 갈릴리에 가서 예수께서 지시하신 산에 이르러 예수를 뵈옵고 경배하나 아직도 의심하는 사람들이 있더라. 예수께서 나아와 말씀하여 이르시되 하늘과 땅의 모든 권세를 내게 주셨으니 그러므로 너희는 가서 모든 민족을 제자로 삼아 아버지와 아들과 성령의 이름으로 세례를 베풀고 내가 너희에게 분부한 모든 것을 가르쳐 지키게 하라. 볼지어다. 내가 세상 끝날까지 너희와 항상 함께 있으리라"(마 28:16-20).

우리는 지금까지 '온전한 그리스도인', 즉 삶의 전부를 예수 그리스도의 주권 아래 복종시킨 그리스도인에 대해 생각해 보았다. 우선 제1장에서는 우리의 인격적 통합, 즉 예수님이 우리의 지성과 감정과 의지의 주가 되신다는 점에 대해 살펴보았다. 제2장에서는 우리의 직업을 통한 섬김, 즉 모든 그리스도인이 어떻게 해서 섬김으로 부름받았는지, 왜 우리의 삶을 섬김에 바쳐야 하는지를 살펴보았다. 그리고 우리가 부름받은 섬김은 그 종류가 매우 다양하다는 점도 아울러 살펴보았다. 제3장에서는 우리의 사회적 책임에 대해 살펴보면서, 인간은 영적인 존재일 뿐 아니라 사회 속에 있는 육적·영적 존재이기 때문에, 우리에게 인간의 전체적 복지에 관심 갖도록 하는 다섯 가지 위대한 성경 교리들에 주목했다. 그다음 제4장에서는 세상과 구별되는 우리의 윤리적 삶에 대해 살펴보았다. 예수님은 우리를 주위의 세상과 문화와는 구별되도록 부르신다. 우리를 다른 사람들보다 더 위대한 의로, 더 넓은 사랑으로, 더 깊은 경건으로, 더 고상한 야망으로 부르신다. 이제 마지막으로 '세계에 대한 관점', 즉 교회의 세계 선교에 대해 살펴봄으로써 결론을 맺고자 한다.

이제 선교라는 개념은 대부분의 사람들에게는 물론, 교회 내에서도 낯선 개념이 되었기 때문에 선교에 대해 이야기할 필요가 있다. 일부 그리스도인들은 교회의 선교에 전적으로 무관심하며, 어떤 사람들은 선교에 적극적으로 저항하고, 심지어는 적대적이기까지 하다. 또 어떤 사람들은 복음 전도, 선교적 열심, 비그리스도인을 예수 그리스도께로 회심시키려는 시도를, 이 시대의 관용 정신과 양립할 수 없는 것으로, 개인적 자유를 지나치게 침해하는 것으로, 또는 가장 혐오스러운 형태의 거만으로 보아 넘긴다. 어떻게 한 종교가 진리를 독점할 수 있단 말인가 하고 사람들은 묻는다. "사람들의 사적이고 종교적인 신념에 간섭할 권리가 누구에게 있단 말입니까? 우리는 우리 일에 신경 쓰고 다른 사람들은 그들의 일에 신경 쓰기를 진심으로 바랍시다." 오늘날의 교회 안에서도 이렇게 말하는 사람들을 어렵지 않게 발견할 수 있다.

우리는 일부 그리스도인의 복음 전도 방법들이 편협하고 거만하며 온정주의적이고 지나치게 간섭하며 심지어는 제국주의적이라는 데 동의해야 한다. 우리는 무시무시하다고도 할 수 있는 이러한 기독교의 실패들에 민감해야 한다. 그럼에도 불구하고 선교와 전도 사역은 기독교에 반드시 필요하다. 기독교 신앙은 불가피하게 선교적 신앙이다. 선교 없는 기독교는 진정한 기독교이기를 그만둔 것이다. 기독교는 예수 그리스도의 궁극성을 주장한다. 예수 그리스도에게는 후계자가 없다. 기독교는 예수 그리스도의 유일성을 주장한다. 예수 그리스도에게는 경쟁자가 없다. 그리고 유일하신 까닭에 예수 그리스도는 우주적인 중요성을 갖고 계시며 따라서 우리는 그를 전 세계에 알려야 한다. 하나님이 그를 높이셨으며 그에게 모든 이름 위에 뛰어난 이름을 주사 모든 무릎을 그의 이름에 꿇게 하시고 모든 입으로 예수 그리스도를 주라 시인하게 하셨다.

그러나 그것보다도 내가 말하고자 하는 참 주제는 기독교 선교가 하나님의 본질과 성품에 뿌리내리고 있다는 점이다. 성경 전체는 하나님이 선교의 하나님, 곧 선교적 완성을 위해 일하는 선교적 교회를 창조하신 아버지와 아들과 성령이심을 계시한다. 나는 성경 전체를 다섯 부분으로 나누어 간략하게 개관해 보고자 한다. 첫째, 구약성경에서 우주의 창조자이신 성부 하나님에 대해, 둘째, 복음서에서 세상의 구속자이신 성자 하나님에 대해, 셋째, 사도행전에서 성령 하나님에 대해, 넷째, 서신서에서 기독교 교회에 대해, 다섯째, 요한계시록에서 만물의 종말에 대해 살펴보자. 이 다섯 가지 설명이 선교에 대해 좀더 깊이 이해할 수 있도록 도울 것이다.

구약의 하나님은 선교의 하나님이시다

물론 이렇게 생각하지 않는 사람들도 많다. 그들은 구약의 하나님을 이스라엘의 하나님, 즉 모든 민족 가운데 한 민족을 택하셔서

기독교 선교는
하나님의 본질과 성품에 뿌리내리고 있다.
성경 전체는 하나님이 선교의 하나님,
곧 선교적 완성을 위해 일하는 선교적 교회를 창조하신
아버지와 아들과 성령이심을 계시한다.

그들을 구속하시고, 그들과 언약을 맺으셔서 그들의 하나님이 되시고, 그들을 그의 백성으로 삼으시겠노라고 약속하신 분으로 생각한다. 그러나 이것은 진리의 일부분에 불과하다. 우리는 야훼를 모압의 신인 그모스나 암몬의 신인 밀곰과 같은 히브리인들의 신 정도로 격하시켜서는 안 된다. 구약은 하나님이 우주의 창조자이시고 모든 민족의 주이시며 모든 인간의 하나님이심을 계시한다. 아브라함이 부름받은 사건을 기록한 창세기 12장의 기사는 내가 주장하는 바를 부정하지 않는다. 아니 오히려 내가 주장하는 바를 확증한다. 그들의 하나님이 아브라함이라는 한 사람과 한 가족을 택하셔서 그들을 통하여 지상의 모든 가족에게 복을 주겠노라고 약속하셨기 때문이다. 한 사람을 택하신 것은 모든 사람에게 복을 내리시기 위한 목적에서였다.

구약의 비극은 이스라엘이 하나님 약속의 우주적 전망을 망각하고 선택의 교리를 편애의 교리로 강등시켰다는 데 있다. 그래서 예언자들은 계속해서 이스라엘 백성에게, 궁극적으로 모든 민족이 하나님의 목적에 포함될 것이며, 모든 민족이 예루살렘으로 순례할 것이며, 모든 민족에게 메시아가 오실 것이며, 하나님의 종이 모든 민족을 밝힐 빛이 될 것이라는 점을 환기시켰다. 그러므로 구약의 하나님은 선교의 하나님이시다.

복음서의 그리스도는 선교의 그리스도이시다

이것을 이해했던 사람들 중에 데이비드 리빙스톤(David Livingstone)이 있다. 1850년에 그는 여동생 아그네스에게 다음과 같은 편지를 썼다. "우리가 왕 중 왕으로부터 받은 명령을 준수하는 것을 희생으로 생각하지 않도록 해라. 나는 온 마음과 온 영혼을 다해 선교사로 섬기고 있다. 하나님은 유일한 한 아들을 가지셨다. 그 아들은 선교사이며 의사이셨다. 정말이지 나는 그분을 어설프게 모방하는 자에 지나지 않는다. 아니 그렇게라도 되기를 소원한다. 하지만 나는 그분을 섬기는 가운데 죽기를 소원한다."

두 가지 경우에서, 예수님이 자신의 사역은 '이스라엘 집의 잃어버린 양'에게로 한정된다고 말씀하셨다는 기록은 틀림없는 사실이다. 그것은 물론 그분의 지상 사역만을 언급하는 일시적인 것이며 역사적인 것으로 제한된 것이었다. 그러나 그분은, 자신의 죽음과 부활 그리고 성령의 선물을 통하여 구원이 모든 민족에게 주어질 것이라고 덧붙이셨다. 게다가 사복음서 중에서 가장 유대적인 마태복음조차도, 아브라함의 자손을 통해 모든 민족에게 복의 약속이 성취될 것임을 보여 주기 위해 아브라함에게로 소급되는 예수님의 족보로 시작한다. 이어서 마태복음은 동방 박사들이 예수님을 방문한 사실을 묘사한다. 동방 박사들은 예수님께 경의를 표하게 될 이방 세계의 선구자들이었다. 그리고 마태복음은 많은 사람이 동과 서, 북과 남으로부터 올 것이며, 하나님 나라에서 아브라함, 이

삭, 야곱과 함께 앉게 될 것이라는 말씀을 선포하고 있다. 또 이 마 태복음은 산상수훈의 초두에 나오는, 부활하신 주님의 지상 명령 으로 끝을 맺고 있다.

이 지상 명령은 매우 중요하다. 특히 그것이 예수님이 자신의 우주적 주권을 주장하신 다음에 이어진다는 점을 고려할 때 그렇 다. 예수님은 "하늘과 땅의 모든 권세를 내게 주셨으니"라고 말씀 하셨다. 왜냐하면 하나님이 그를 죽은 자 가운데서 살리셨으며 또 자신의 우편으로 높이시고 그에게 이 우주적 주권을 주셨기 때문 이다. 교회의 우주적 선교는 예수님의 우주적 권위에서 비롯된다. 하나님이, 우리에게 "가서 제자를 삼으라"고 말씀하실 수 있는 권 위를 예수님에게 주셨기 때문이다.

사도행전의 성령은 선교의 영이시다

공생애 사역 기간 동안, 예수님은 성령의 선교적 본질과 선교적 사 역에 대해 가르치셨다. 예수님이 예루살렘 성전에서 "누구든지 목 마르거든 내게로 와서 마시라. 나를 믿는 자는 성경에 이름과 같이 그 배에서 생수의 강이 흘러나오리라"(요 7:37-38)고 말씀하신 위대 한 사건을 기억하는가? 요한은 "이는 그를 믿는 자들이 받을 성령 을 가리켜 말씀하신 것이라"(요 7:39)고 덧붙인다. 이와 같이 예수님 은 성령을, 그리스도인들과 교회들로부터 흘러나와 세상의 메마른 영적 사막을 축이는 생수의 강에 비유하셨다.

우리는 성령을 세상으로 흘러 들어가는 강으로 생각하는가? 앞에서 한 번 인용한 바 있는 윌리엄 템플 감독은 요한복음에 대한 주석인 「요한복음 강해」(Readings in St. John's Gospel)에서 다음과 같이 말한다. "어느 누구도 하나님의 영을 소유하거나 그 안에 거하는 상태로 머물 수만은 없으며 또 그 영을 자기 자신에게 붙들어 둘 수만도 없다. 영이 있는 곳에서는 반드시 영이 흘러나간다. 만일 영이 흘러나오지 않는다면, 영이 거기에 계신다고 말할 수 없다." 여기에 성령의 본질이 있다. 다락방에서 예수님은, 진리의 영이 오셔서 죄의 세계와 구세주의 필요를 깨닫게 하실 것이며, 또한 적대적인 세상 앞에서 예수님을 증거하게 될 것이라고 약속하셨다. 부활 후에 예수님은 성령이 제자들에게 임하신 후에 그들이 권능을 받게 될 것이며 또한 증인이 될 것이라고 약속하심으로써 그것을 확증하셨다. 성령을 통하여 그들에게 약속된 권능은 군사력이 아니었다. 그것은 이스라엘을 로마의 식민지라는 멍에로부터 해방시킬 정치적 권력이 아니었다. 그것은 이스라엘의 경계를 넘어 저 땅 끝까지 예수의 증인이 될 영적 권세였다.

그러므로 오순절 사건은, 올바르게 이해한다면 본질적으로 선교적 사건이었다. 그것은 영이 부어질 것이라는 하나님의 옛 약속의 성취였다. 그리고 성령 충만한 그리스도인들이 말했던 방언은, 성령에 의해 인간의 마음 가운데 자리 잡게 될 하나님 나라가 전 세계를 망라한다는 것에 대한 징조요 상징이었다.

사도행전은 가장 흥미진진한 이야기다. 우리는 선교의 성령이 선교하는 교회를 세워 그 교회로 하여금 예수 그리스도를 증거하도록 세상 밖으로 내모는 것을 읽으면서 경탄하게 된다. 제일 먼저는 예루살렘 안팎의 유대인들에게, 다음에는 유대인들과 이방인들 사이의 사마리아인들에게, 마지막으로 이방인들에게 복음이 전파된다. 그리고 이것은 제일 먼저 백부장 고넬료를 회심하게 한 사도 베드로를 통해, 다음으로 사도 바울의 위대한 선교 여행들을 통해 이루어졌고, 우리는 마침내 바울이 세계의 수도인 로마에 이르는 마지막 장을 읽는다. 바울은 죄수로서 로마에 당도한다. 그러나 그는, 누가가 우리에게 말하는 바대로, 아주 공공연하게 그리고 거리낌 없이 하나님 나라를 선포하는 선포자다. 그리하여 사도행전에서 복음은 유대의 수도 예루살렘으로부터 세계의 수도 로마에까지 확산된다. 그리고 이 선교적 진보를 추진한 힘은 선교의 성령이셨다. 그러므로 구약의 하나님은 선교의 하나님이시고 복음서의 그리스도는 선교의 그리스도이시며 사도행전의 성령은 선교의 성령이시다.

서신서의 교회는 선교적 교회다

어떤 사람들은 교회를 하나의 동아리 모임처럼 생각한다. 그래서 우리는 둥그렇게 모여 앉아 서로 마주 보며 칭찬하고 지지한다. 이것이 전적으로 그릇된 것은 아니다. 왜냐하면 우리는 진정으로 서로에 대한 책임을 지고 있기 때문이다. 신약성경에 나오는 "서로서

로"라는 구절은 매우 중요하다. 우리는 서로 사랑해야 한다. 서로 권고해야 한다. 서로 격려해야 한다. 서로 용서해야 한다. 서로의 짐을 져야 한다. 신약성경에 "서로"라는 말이 얼마나 자주 등장하는지 조사해 보면 매우 놀랄 것이다. 이와 같이 하나의 동아리로서의 교회 개념에도 진리가 있다. 왜냐하면 우리는 서로 후원하고 돌볼 책임이 있기 때문이다. 그러나 유감스러운 것은 우리가 둥그렇게 모여 앉아 서로를 마주 볼 때, 세상을 향해서는 등을 돌리고 있다는 것이다. 그리하여 내부로만 성장한 교회들이 많다. 그러나 이제는 밖으로 향할 필요가 있다. 교회에 대한 이 원형적 모습이 바뀌어야 한다. 그래서 우리 자신을, 세상을 섬기기 위해 밖으로 나가는 자로 볼 수 있어야 한다.

신약성경의 스물한 개 서신들을 읽어 보면, 개인에게 쓰인 것조차도 교회를 세우기 위해 작성된 것임을 알 수 있다. 비록 사도들은 그리스도인의 신앙, 그리스도인의 예배, 그리스도인의 연합, 그리스도인의 거룩 같은 교회의 내부 문제들에 대해 말했지만, 다른 한편으로는 그 편지를 받을 교회가 세상 가운데 있다는 것을 철저하게 전제하고 있다. 그것은 복음의 살아 있는 실현이었으며, 또한 좋은 소식을 주위 사람들에게 전달하는 것이었다.

나는 데살로니가전서 1장에서 예를 하나 들고자 한다. 여러분은 이 순서를 주의 깊게 살펴본 적이 있는가? 바울은 그의 2차 선교 여행 때 데살로니가를 방문했다. 그는 그 도시에 폭동이 일어나자, 밤을 틈타 도시를 몰래 빠져나와야 했다. 몇 주 후에 고린도에 도착했을 때, 그는 이 편지를 데살로니가인들에게 썼다. "이는 우리 복음이 너희에게 말로만 이른 것이 아니라 또한 능력과 성령과 큰 확신으로 된 것임이라"(1:5), "또 너희는 많은 환난 가운데서 성령의 기쁨으로 말씀을 받아 우리와 주를 본받은 자가 되었으니"(1:6). 그리고 나서 8절에서는 "주의 말씀이 너희에게로부터 마게도냐와 아가야에만 들릴 뿐 아니라 하나님을 향하는 너희 믿음의 소문이 각처에 퍼졌으므로 우리는 아무 말도 할 것이 없노라"고 말했다.

이 순서가 매우 놀랍지 않은가? "우리의 복음이 너희에게 이르렀다. 너희는 그것을 받았다. 그리고 너희는 그것을 널리 퍼뜨렸다." 이와 같이 모든 교회는 복음을 위한 공명판이 되어야 한다. 복음은 교회에 이른다. 그들은 그것을 받는다. 그리고 그것을 다른 사람들에게 알릴 책임을 지닌다. 서신서의 교회는 바로 선교적 교회다.

요한계시록은 선교적 완성이다

하나님의 보좌 앞에 모인 구속된 백성을 보여 주는 요한계시록 7:9을 살펴보라. "이 일 후에 내가 보니 각 나라와 족속과 백성과 방언에서 아무도 능히 셀 수 없는 큰 무리가." 나는 이 구절을 사랑한다. 나는 이 구절로부터 큰 위안을 받는다. 왜냐하면 때때로 교회는 세상 가운데서 아주 적은 소수처럼 보이기 때문이다. 나의 이러한 생각을 뒷받침하는 구절들이 더 있다. 이를테면 산상수훈에서 예수님은 "생명에 이르는 문은 작고 그 길이 좁아 그 길을 찾는 사람이 별로 없다"고 말씀하심으로써 이러한 생각이 옳다는 것을 보여 주신다. 그러나 우리는 이 구절을, 궁극적으로 구속받는 자들의 수가 헤아릴 수 없을 만큼 많으리라는 요한계시록 7:9의 말씀과 균형을 이루게 할 필요가 있다. 언젠가 아브라함에게 하신 하나님의 약속은 성취될 것이다.

창세기 15장에서 하나님은 어느 날 밤 아브라함을 그의 장막에서 불러내어 그에게 "하늘을 우러러 뭇 별을 셀 수 있나 보라"고 말씀하셨다. 나는 때때로 그가 2, 4, 6, 8, 10, 20, 30, 40 하고 세다가 곧 절망하여 포기하는 모습을 상상해 본다. 하나님은 "네 자손이 이와 같으리라"고 말씀하신다. 그 약속은, 그리스도의 피로 구속된 모든 민족의 남자와 여자와 어린아이들이 하늘의 별처럼 헤아릴 수 없을 만큼 많이 모일 마지막 날에 성취될 것이다. 이 얼마나 영광스러운 날이겠는가! 이 최종적 완성은 교회가 선교에 노력을 기울인 열매다. 교회가 감당하고 있는 선교라는 과제는 결코 헛되지 않을 것이다. 그것은 추수 때 거대한 수확을 가져올 것이다.

지금까지 살펴본 바와 같이, 선교와 관련하여 성경은 다섯 가지로 개관할 수 있다. 구약성경의 하나님은 지상의 모든 가족에게 복을 주시기 위해 한 가족을 부르신 선교의 하나님이시다. 복음서의 그리스도는 선교의 그리스도이시다. 그는 교회로 하여금 증거하라고 세상 밖으로 교회를 내보내셨다. 사도행전의 성령은 선교의 영이시다. 그는 교회를 예루살렘으로부터 로마로 몰아가셨다. 서신서들의 교회는 선교하는 교회, 곧 세계를 마음에 품은 세계적 공동체다. 요한계시록의 종결은 선교의 종결이다. 모든 민족으로부터 무수한 군중이 몰려든다.

그러므로 성경의 기독교는 선교의 기독교라고 해야 옳다. 그 증거는 압도적이며, 반박할 수 없을 정도로 자명하다. 선교를 관용이나 예의를 결한 것으로 간주해서는 안 된다. 또한 교회 내의 몇몇 광신적인 기인들의 취미로 간주해서도 안 된다. 선교는 하나님의 중심에 자리한다. 그러므로 선교는 교회의 중심에 자리한다. 선교하지 않는 교회는 더 이상 교회가 아니다. 그런 교회는 교회가 가지고 있는 본질적 부분과 모순된다. 교회는 선교다. 교회는 증거하고 섬기기 위하여 세상으로 보내진 하나님의 백성이다. 이것이 세계를 품는 우리의 시각, 곧 세계적 하나님의 세계적 백성에 의한 세계적 선교다.

결론

이러한 성경적 가르침에 비추어 볼 때, 우리의 책임은 무엇인가? 첫째, 회개해야 한다. 지금까지 이러한 교회 생활의 선교적 측면을 거부했거나, 마치 없어도 좋은 것처럼 다소 오만하게 생각했거나, 약간의 기계적인 기도와 마지못해 내는 얼마의 돈으로 다소 젠 체하며 후원해 온 사람들이 있는가? 편협한 지역주의라는 올가미에 사로잡혀서 자신의 교회나 자신의 국가에만 관심을 가져 온 사람들이 있는가? 우리는 세계를 품은 그리스도인이 되어야 한다. 우리는 회개해야 한다. 우리의 태도를 변화시키고, 마음을 변화시켜야 한다. 여러분은 하나님을 믿는다고 주장하는가? 그런데 그분은 선교의 하나님이시다. 여러분은 그리스도께 헌신되어 있다고 말한다. 그런데 그분은 선교의 그리스도이시다. 여러분은 성령 충만하다고 말한다. 그런데 그분은 선교의 영이시다. 여러분은 교회에 속해 있다고 주장한다. 그런데 교회는 선교하는 사회다. 여러분은 천국에 가기를 희망하고 있다. 그런데 천국은 세계 선교의 열매들이 모이게 될 선교적 천국이다. 이것을 피한다는 것은 불가능하다.

우리는 회개해야 한다. 그리고 행동해야 한다. 성경이 말하는 진정한 기독교는 안전하고, 점잔 빼고, 아늑하고, 자기 중심적이며, 도피적인 편협한 종교가 아니다. 성경의 기독교는 안정을 지향하는 우리의 감춰진 본성을 깊이 뒤흔들고 있다. 그 뒤흔듦은 폭발적인 힘이며, 중심에서 밖으로 뻗어 나가는 힘이다. 그것은 우리를 협소한 자기 중심성으로부터 끌어내어, 섬기고 증거하도록 하기 위하여 하나님의 세계로 투입한다. 그러므로 우리는 세계를 향한 이 헌신을 표현할 방법들을 찾아내야 한다. 우리의 지역교회 내에서 그리고 지역교회를 통하여 우리의 지역 사회나 이웃 안에서, 우리의 직업을 통하여 그리고 선교를 위한 기도와 헌금을 통하여 세계를 향한 관심을 표현할 방법들을 찾아야 한다. 구세군의 창립자인 윌리엄 부스(William Booth)는 1885년 런던의 거대한 구세군 집회에서 연설 끝 무렵에 이렇게 물었다. "세상의 둘레는 얼마나 됩니까?" 그

성경이 말하는 진정한 기독교는
안전하고, 점잔 빼고, 아늑하고, 자기 중심적이며,
도피적인 편협한 종교가 아니다.
성경의 기독교는 안정을 지향하는
우리의 감춰진 본성을 깊이 뒤흔들고 있다.
그 뒤흔듦은 폭발적인 힘이며
중심에서 밖으로 뻗어 나가는 힘이다.

러자 군중 가운데 일부가 이렇게 대답했다. "4만 킬로미터." 그러자 부스는 그의 팔을 활짝 펼치면서 다음과 같이 크게 외쳤다. "그렇다면 우리는 우리의 팔로 온 세상을 감싸 안을 수 있을 때까지 자라야 합니다."

옮긴이 **한화룡**은 경희대와 합동신학교를 졸업한 후 미국 풀러 신학교와 웨스트민스터 신학교에서 도시 선교(D. Min)를 공부했으며, 현재 백석대학교 기독교학부 조교수로 있다. 저서로 「도시 선교」, 「4대 신화를 알면 북한이 보인다」(이상 IVP)가 있고, 역서로 「가난한 시대를 사는 부유한 그리스도인」, 「가난한 자들의 친구」, 「하나님 백성의 선교」, 「홍등가의 그리스도」, 「BST 선교」(이상 IVP), 「세계 교회의 미래」, 「하나님의 선교」(이상 공역, IVP) 등이 있다.

온전한 그리스도인

초판 발행_ 1986년 5월 30일
개정판 발행_ 1996년 1월 25일
개정2판 발행_ 2014년 8월 15일
개정2판 8쇄_ 2023년 8월 30일

지은이_ 존 스토트
옮긴이_ 한화룡
펴낸이_ 정모세

펴낸곳_ 한국기독학생회출판부
등록번호_ 제2001-000198호(1978.6.1)
주소_ 04031 서울시 마포구 동교로 156-10
대표 전화_ (02)337-2257 팩스_ (02)337-2258
영업 전화_ (02)338-2282 팩스_ 080-915-1515
홈페이지_ http://www.ivp.co.kr 이메일_ ivp@ivp.co.kr
ISBN 978-89-328-1371-4

ⓒ 한국기독학생회출판부 1986, 1996, 2014

책값은 뒤표지에 있습니다.
무단 전재와 복제를 금합니다.